David Clarke

W0463080

Besser in Englisch

Lernwörterbuch

5. bis 10. Klasse

Cornelsen
Power Learning

Der Autor: David Clarke ist Brite. Nach langjähriger Tätigkeit als Englischlehrer an deutschen Gymnasien arbeitet er jetzt als Schulbuchautor. Er ist Verfasser zahlreicher Lehrwerke und Übungsprogramme.

Cornelsen online http://www.cornelsen.de

Bibliografische Information:
Die Deutsche Bibliothek verzeichnet diese Publikation in der Deutschen Nationalbibliografie; detaillierte bibliografische Daten sind im Internet über http://dnb.ddb.de abrufbar.

Dieser Band folgt den Regeln der deutschen Rechtschreibung, die von August 2006 an gelten.

5.	4.	3.	2.	1.	Die letzten Ziffern bezeichnen
10	09	08	07	06	Zahl und Jahr der Auflage.

© 2006 Cornelsen Verlag Scriptor GmbH & Co. KG, Berlin
Das Werk und seine Teile sind urheberrechtlich geschützt. Jede Nutzung in anderen als den gesetzlich zugelassenen Fällen bedarf deshalb der vorherigen schriftlichen Einwilligung des Verlags.
Hinweis zu § 52a UrhG: Weder das Werk noch seine Teile dürfen ohne eine solche Einwilligung eingescannt und in ein Netzwerk gestellt werden. Dies gilt auch für Intranets von Schulen und sonstigen Bildungseinrichtungen.

Redaktion: Heike Friauf, Berlin
Gesamtgestaltung: Dagmar & Torsten Lemme, Berlin
Illustrationen: Roland Beier, Berlin
Umschlagentwurf: Bauer + Möhring, Berlin
Druck und Bindearbeiten: Tesinska Tiskarna, Cesky Tesin
Printed in the Czech Republic
ISBN-13: 978-3-589-22252-0
ISBN-10: 3-589-22252-2

Gedruckt auf säurefreiem Papier,
umweltschonend hergestellt aus chlorfrei gebleichten Faserstoffen.

So hilft dieses Buch beim erfolgreichen Vokabellernen

Das Lernwörterbuch Englisch eignet sich für alle Lernerinnen und Lerner der Klassen 5 bis 10, unabhängig vom verwendeten Schulbuch. Es enthält den Grund- und den Aufbauwortschatz, nach Themen geordnet, und bildet damit die perfekte Basis zum Wiederholen und für das weitere Sprachenlernen.
Am besten lernt man im Zusammenhang.

➜ Deshalb sind die Vokabeln dieses Lernwörterbuches nicht alphabetisch, sondern nach Themen geordnet.

Es ist lernpsychologisch erwiesen, dass wir thematisch aufgebaute, gut überschaubare Listen von Wörtern viel leichter erfassen als endlos scheinende Aufstellungen.

➜ Daher ist die Aufteilung dieses Lernwörterbuchs – **ein Thema pro Seite** – für das Lernen optimal. Der Schüler, die Schülerin sieht sofort: Das kann ich schaffen!

Mehrere Themen bündeln sich zu einem Sachgebiet. Im Inhaltsverzeichnis sind die Sachgebiete angegeben.
Wer ganz bestimmten Wortschatz gezielt wiederholen will, kann zwei Wege gehen:

- über das **Inhaltsverzeichnis** vorne,
- über die **alphabetische Liste** am Ende.

Man sucht in der alphabetischen Liste ein typisches Wort aus dem Sachgebiet und sieht sofort an der Themen-Nummer, wo die dazugehörigen Wörter zu finden sind.

Die Besonderheit dieser Lernhilfe: Tests zu jedem Sachgebiet. Vokabeln abfragen ist das eine, die Vokabeln auch richtig anwenden das andere. Mit den Tests können Schülerinnen und Schüler ihren Lernerfolg stichprobenartig überprüfen. Ganz nebenbei festigen sie das Gelernte. Man kann mit Bleistift direkt auf die Testseiten schreiben und die Lösungen auch gleich kontrollieren.

Zur Sicherheit hier einige Erklärungen:

1	Die kleinen Zahlen verweisen auf Hinweise und zusätzliche Vokabeln in der rechten Spalte.
❐ E – D:	weist auf einen Stolperstein hin, der durch unterschiedliche Ausdrucksweisen im Englischen und Deutschen entsteht
❐ D – E:	weist auf eine deutsch-englische Fehlerquelle hin
❐ AmE:	weist auf abweichende Schreibung im amerikanischen Englisch hin
≠	zeigt die gegenteilige Bedeutung an
ugs.	umgangssprachlich
Adj.	Adjektiv
Adv.	Adverb
Nn.	Nomen/Substantiv
Vb.	Verb
Pl.	Plural(form)
Sing.	Singular(form)

Inhalt

Kunst und Literatur

Politik und Gesellschaft

Das Recht

Die Erde

Natur

Medien

Verkehr

Wirtschaft und Arbeit

1 Parts of the body — Körperteile

body, bodies	**Körper**	
bone	**Knochen**	
skin[1]	**Haut**	[1] *nur Sing.; Pl. nur mit Hilfe eines zählbaren Nomens:* two pieces of skin
head	**Kopf**	
hair[2]	**Haare, Haar**	[2] *meist Singular*
to have one's hair cut	*sich die Haare schneiden lassen*	
forehead	**Stirn**	
eyebrow	**Augenbraue**	
face	**Gesicht**	
eye	**Auge**	
ear	**Ohr**	
nose	**Nase**	
cheek	**Wange**	
mouth	**Mund**	
lips[3]	**Lippen**	[3] upper lip, lower lip
tongue [tʌŋ]	**Zunge**	
tooth, teeth	**Zahn**	
Janna lost three teeth in the accident.	*Janna verlor bei dem Unfall drei Zähne.*	
chin	**Kinn**	
beard	**Bart**	
neck	**Hals**	
chest[4]	**Brust**	[4] *männliche und weibliche Brust*
back	**Rücken**	
stomach[5]	**Magen**	[5] ugs. tummy
waist	**Taille**	
hip	**Hüfte**	
shoulder	**Schulter**	
arm	**Arm**	
elbow	**Ellbogen**	
wrist [rɪst]	**Handgelenk**	
hand	**Hand**	
finger	**Finger**	
thumb	**Daumen**	
nail[6]	**Nagel**	[6] fingernail – *Fingernagel,* thumbnail – *Daumennagel*
leg	**Bein**	
thigh	**Oberschenkel**	
knee[7] [niː]	**Knie**	[7] *stummes k*
lower leg	**Unterschenkel**	
ankle	**Fußgelenk**	
foot, feet	**Fuß**	
Humans have two feet.	*Menschen haben zwei Füße.*	
heel	**Ferse**	
toe[8]	**Zeh**	[8] toenail – *Zehennagel*
big toe	*dicker Zeh*	

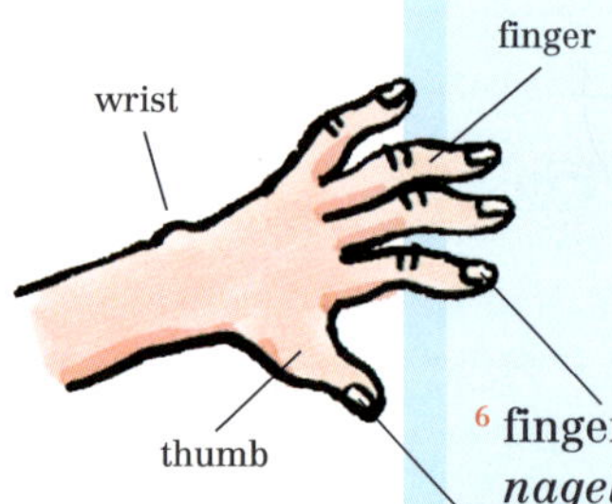

beautiful[1]	**schön**
attractive[2]	**anziehend**
good-looking	**gut aussehend**
pretty[3]	**hübsch**
handsome[4]	**gut aussehend**
well-dressed	**gut angekleidet**
neat	**gepflegt**
smart[5]	**smart, elegant**
tidy[6]	**ordentlich**
scruffy	**vergammelt**
ugly	**hässlich**
slim	**schlank**
thin	**dünn**
skinny[7]	**mager**
fat	**dick**
tall	**groß**
stocky	**stämmig, untersetzt**
short	**klein**
healthy[8]	**gesund**
ill[9]	**krank**
The medicine made Ed even worse.	*Die Medizin machte Ed noch kränker.*
dirty[10]	**schmutzig, dreckig**

[1] *meist für Frauen:* beautiful women

[2] ≠ unattractive

[3] *nicht für Männer;* Adv.: He's pretty good. – *Er ist ziemlich gut.*

[4] *meist für Männer:* handsome men

[5] smart casual – *sportlich elegant*

[6] ≠ untidy

[7] *etwas negativ*

[8] healthier, healthiest; ≠ unhealthy

[9] *Steigerung:* worse, worst

[10] dirtier, dirtiest; Adv. dirtily

1 Label the parts of the body.

2 Complete the sentences.

1 The opposite of 'beautiful' is ______________________________

2 Another word for 'smart' is ______________________________

3 A good word for describing a short, heavily-built man: ______________________________

4 The opposite of 'short' is ______________________________

5 'Slim' is a more positive word for ______________________________

6 If I want to describe somebody who is very thin, I could say ______________________________

7 A person who is very untidy looks ______________________________

8 'Healthy' and 'fit' are opposites of ______________________________

Zur Kontrolle:

1 1 head 2 hair 3 neck 4 shoulder 5 chest 6 stomach 7 arm 8 elbow 9 leg 10 thigh 11 knee 12 feet 13 heel 14 toes

2 1 ugly 2 well-dressed 3 stocky 4 tall 5 thin 6 skinny 7 scruffy 8 ill

(to) behave[1]	**sich benehmen**	[1] ≠ (to) misbehave
personality	**Persönlichkeit**	
(to) sulk	**schmollen**	
Tom sulks when the trainer criticises him.	*Tom schmollt, wenn der Trainer ihn kritisiert.*	
charming	**charmant**	
brave ❐	**mutig, tapfer**	❐ D – E: *brav* = good, well-behaved
cheerful	**fröhlich, gut gelaunt**	
clever	**gescheit, klug**	
faithful[2] ['feɪθfl]	**treu**	[2] ≠ unfaithful; loyal ≠ disloyal
friendly[3]	**freundlich**	[3] ≠ unfriendly
He is a friendly man.	*Er ist ein freundlicher Mann.*	
He speaks to me in a friendly way. (Adv.)	*Er spricht freundlich mit mir.*	
generous[4]	**großzügig**	[4] ≠ ungenerous
gentle	**sanft**	
good[5]	**gut, brav**	[5] *Steigerung:* better, best
hard-working	**fleißig**	
helpful[6]	**hilfsbereit**	[6] ≠ unhelpful
honest[7]	**ehrlich**	[7] ≠ dishonest
interesting[8]	**interessant**	[8] ≠ uninteresting
kind[9]	**lieb**	[9] ≠ unkind
nice[10]	**nett**	[10] pleasant – *angenehm*
what a nice idea	*was für eine nette Idee*	
polite[11]	**höflich**	[11] ≠ impolite
reliable[12]	**zuverlässig**	[12] ≠ unreliable
sensitive ❐	**sensibel**	❐ E – D: sensible – *vernünftig*
sincere[13] [sɪn'sɪə(r)]	**aufrichtig**	[13] ≠ insincere
sentimental	**sentimental**	
tolerant[14]	**tolerant**	[14] ≠ intolerant
understanding	**verständnisvoll**	
strong	**stark**	
weak	**schwach**	
tough [tʌf]	**zäh**	
frank	**freimütig**	
fussy	**penibel**	
character	**Charakter, Wesen**	

4 Behaviour Verhalten

thankful	**dankbar**	
happy[1]	**glücklich**	[1] happier, happiest; ≠ unhappy
sad	**traurig**	
sensible[2]	**vernünftig**	[2] *auch* reasonable
relaxed	**entspannt**	
easy-going[3]	**gelassen, gemütlich**	[3] *auch* laid-back
strict	**streng**	
angry[4]	**zornig, verärgert**	[4] angrier, angriest
furious	**wütend**	
aggressive	**aggressiv**	
violent	**gewalttätig**	
bad[5]	**schlecht, unerzogen**	[5] *Steigerung:* worse, worst
bad-tempered	**schlecht gelaunt**	
boastful	**prahlerisch, angeberisch**	
boring	**langweilig**	
cheeky	**frech**	
childish	**kindisch**	
cowardly[6]	**feige**	[6] Adv.: in a cowardly way
cruel [kruːəl]	**grausam**	
cynical ['sɪnɪkl]	**zynisch**	
foolish	**dumm, töricht**	
silly[7]	**albern**	[7] sillier, silliest; Adv.: in a silly way
stupid	**dumm**	
greedy	**gierig**	
mean	**schäbig, geizig**	
selfish[8]	**egoistisch**	[8] *auch* egoistical
lazy[9]	**faul**	[9] lazier, laziest
nasty[10]	**scheußlich**	[10] nastier, nastiest
naughty[11] ['nɔːti]	**ungezogen**	[11] naughtier, naughtiest
rude	**unhöflich, rüde**	
vulgar	**ordinär, vulgär**	

(to) sense [1]	**spüren**	[1] Nn. sensation
(to) touch	**anfassen**	
touch	**Berührung**	
(to) look (at) [2]	**ansehen, anschauen**	[2] *etwas ansehen, das unbeweglich oder nicht in Bewegung ist*
We looked at the Frauenkirche in Dresden.	*In Dresden schauten wir uns die Frauenkirche an.*	
(to) watch [3]	**beobachten, zusehen**	[3] *etwas ansehen, das beweglich oder in Bewegung ist*
We watched the children playing.	*Wir sahen den Kindern beim Spielen zu.*	
(to) glance [4]	**blicken**	[4] Nn. glance – *Blick*
(to) see [5]	**sehen**	[5] see, saw, seen
sight	**Sehvermögen, Sicht**	
(to) notice [6]	**bemerken**	[6] Adj. noticeable – *merklich*
(to) hear [7]	**hören**	[7] hear, heard, heard; Nn. hearing
(to) listen	**zuhören**	
loud	**laut**	
noise [8]	**Lärm**	[8] Adj. noisy, Adv. noisily
quiet	**ruhig, leise**	
silence [9]	**Schweigen**	[9] Adj. silent
(to) ring [10]	**klingeln**	[10] ring, rang, rung
(to) sound	**sich anhören**	
That sounds good.	*Das hört sich gut an.*	
(to) speak [11]	**sprechen**	[11] speak, spoke, spoken
(to) taste [12]	**schmecken**	[12] Adj. tasty – *herzhaft*
taste	**Geschmack**	
flavour [13] ❐	**Geschmack, Aroma**	[13] *meist positiv; negativ besser:* taste ❐AmE: flavor
This cake has a lovely flavour.	*Dieser Kuchen hat einen guten Geschmack.*	
This meat has an awful taste.	*Dieses Fleisch hat einen furchtbaren Geschmack.*	
delicious	**lecker**	
hot	**scharf, heiß**	
This curry is too hot for me.	*Dieses Curry ist zu scharf für mich.*	
Spain is very hot in August.	*Im August ist Spanien sehr heiß.*	
sour ['saʊə(r)]	**sauer**	
spicy	**pikant**	
sweet	**süß**	
(to) smell [14]	**duften, riechen**	[14] smell, smelt, smelt; *auch regelmäßig*
The flowers smelt/smelled beautiful.	*Die Blumen dufteten gut.*	
Unfortunately, his breath smells.	*Leider riecht er aus dem Mund.*	
(to) stink [15]	**stinken**	[15] stink, stank, stunk
(to) jump	**springen**	

(to) feel[1]	**sich fühlen**	[1] feel, felt, felt
feeling	**Gefühl**	
behaviour[2] [bɪ'heɪvjə(r)] ❐	**Verhalten, Benehmen**	[2] ≠ misbehaviour
attitude	**Einstellung**	❐AmE: behavior
relationship	**Beziehung**	
(to) talk[3]	**reden**	[3] Adj. talkative – *geschwätzig*
talk	**Gespräch**	
conversation	**Unterhaltung**	
(to) converse	**sich unterhalten**	
emotion[4]	**Gefühl, Emotion**	[4] Adj. emotional
humour ❐	**Humor**	❐AmE: humor
(to) have a sense of humour	*einen Sinn für Humor haben*	
down	**niedergeschlagen**	
You seem really down today.	*Du scheinst heute wirklich niedergeschlagen zu sein.*	
(to) be annoyed	**verärgert sein**	
cross	**sauer**	
I'm really very cross/annoyed with you.	*Ich bin ganz schön sauer auf dich.*	
(to) be afraid	**Angst haben**	
optimistic[5]	**optimistisch**	[5] ≠ pessimistic
(to) agree[6]	**übereinstimmen**	[6] agree, agreed, agreed; ≠ disagree
(to) get on with[7]	**(miteinander) auskommen**	[7] get, got, got
I get on with Jim very well.	*Ich komme mit Jim sehr gut aus.*	
(to) want	**wollen**	
(to) like (≠ dislike)[8]	**mögen, gern(e) tun**	[8] would like + *Infinitiv,* like + *Gerund*
They like dogs very much.	*Sie mögen Hunde sehr.*	
I would like to go swimming.	*Ich möchte schwimmen gehen.*	
He likes cooking.	*Er kocht gerne.*	
(to) enjoy ❐	**gefallen, Spaß haben an**	❐D – E: *Spaß haben* – (to) enjoy oneself
I enjoyed the ballet a lot.	*Das Ballett hat mir sehr gut gefallen.*	
Did they enjoy themselves in Malta?	*Hatten sie Spaß auf Malta?*	
Enjoy yourself!	*Viel Spaß!*	
(to) envy	**beneiden**	

close *Max is a close friend.*	**eng, nah** *Max ist ein enger Freund.*	
intimate	**intim**	
sympathetic ❐ [ˌsɪmpəˈθetɪk] *Ben isn't a sympathetic person.*	**mitfühlend** *Ben ist kein mitfühlender Mensch.*	❐ D – E: *sympathisch* – likeable
(to) hope	**hoffen**	
hope [1]	**Hoffnung**	[1] *Adjektive:* hopeful, hopeless
mood [2]	**Laune**	[2] Adj. moody – *launisch*
moving [3] *The film about Sophie Scholl is very moving.* *I am deeply moved by this kindness.*	**bewegend** *Der Film über Sophie Scholl ist sehr bewegend.* *Ich bin von dieser Freundlichkeit tief bewegt.*	[3] moved – *bewegt*
popular [4]	**beliebt**	[4] ≠ unpopular
popularity	**Beliebtheit**	
proud	**stolz**	
pride	**Stolz**	
(to) prefer [5] *I would prefer to watch TV.* *I prefer cycling to driving.*	**vorziehen, lieber tun** *Ich würde es vorziehen, fernzusehen.* *Ich fahre lieber Rad als Auto.*	[5] would prefer + *Infinitiv*, prefer + *Gerund*
surprised [6]	**überrascht**	[6] Nn. surprise – *Überraschung*
amazed [7]	**verblüfft**	[7] Nn. amazement – *Erstaunen*
astonished [8]	**erstaunt**	[8] Nn. astonishment – *Erstaunen*
(to) cry	**weinen**	
desperate	**verzweifelt**	
(to) put up with [9] *I won't put up with this rudeness!*	**sich bieten lassen** *Dieses rüde Benehmen lasse ich mir nicht bieten!*	[9] put, put, put
(to) quarrel [10]	**streiten**	[10] Nn. quarrel; *Schreibweise:* quarrelled
(to) despise [11] [dɪˈspaɪz] *I despise liars.* *I have only contempt for liars.*	**verachten** *Ich verachte Lügner.* *Für Lügner habe ich nur Verachtung übrig.*	[11] Adj. despicable; Nn. contempt – *Verachtung*
(to) hate [12] *I would hate to lose my keys.* *I hate being late.*	**hassen, überhaupt nicht mögen, nicht ausstehen** *Ich würde es überhaupt nicht mögen, meine Schlüssel zu verlieren.* *Ich kann es nicht leiden, verspätet zu sein.*	[12] would hate + *Infinitiv*, hate + *Gerund*
jealous of [13]	**eifersüchtig auf**	[13] Nn. jealousy – *Eifersucht*
prejudiced [14] *Is he prejudiced against women?*	**voreingenommen** *Ist er Frauen gegenüber voreingenommen?*	[14] Nn. prejudice – *Vorurteil*

1 Replace the German words with their English equivalents.

1 You can't expect people to be (höflich) ______________ to you if you are (frech) ______________ to them.

2 Mr Green can be terribly (penibel) ______________ about small details.

3 You will never succeed if you are so (pessimistisch) ______________. You should try to be more (optimistisch) ______________.

4 We need somebody who is (zuverlässig) ______________ and (ehrlich) ______________ to look after the shop while we're on holiday.

5 We are very (dankbar) ______________ of all your help.

2 Complete the sentences.

1 The TV is too loud. Please turn down the ______________

2 We can say that food that tastes very good is ______________

3 The verb '(to) taste' is to 'flavour' what '(to) smell' is to ______________

4 The noun form of '(to) despise'? It's best to use ______________

3 Complete the table with the missing words.

	noun	adjective
1	despair	
2		emotional
3		hopeful
4	hostility	
5		jealous
6	popularity	
7		proud
8		surprised

Zur Kontrolle:

1 1 polite, cheeky 2 fussy 3 pessimistic, optimistic 4 reliable, honest 5 thankful

2 1 volume 2 delicious 3 scent 4 contempt

3 1 desperate 2 emotion 3 hope, hopeless 4 hostile 5 jealousy 6 popular 7 pride 8 surprise

baby, babies	**Säugling, Baby**	
toddler	**Kleinkind**	
infancy ['ɪnfənsi]	**frühe Kindheit**	
child, children	**Kind**	
childhood	*Kindheit*	
pre-school[1]	**Vorschulalter**	[1] pre-school age
school aged	**im Schulalter**	
Both the Greens' children are school aged.	*Beide Kinder der Greens sind jetzt im Schulalter.*	
youngster	**Jugendliche**	
youth	**Jugendlicher**	
teen(ager)	**Teen(ager)**	
adolescent ['ædə'lesnt]	**Heranwachsende(r)**	
mature[2] [mə'tʃʊə(r)]	**reif**	[2] maturity – *Reife*
1. grown-up	**Erwachsene(r)**	
2. adult		
middle age[3]	**mittleres Alter**	[3] Adj. middle-aged – *mittleren Alters*
pensioner	**Pensionär(in), Rentner(in)**	
elderly[4]	**älter**	[4] *höfliche Form für* old
She is a respectable elderly woman.	*Sie ist eine beeindruckende ältere Frau.*	
old age	**fortgeschrittenes Alter**	
People want their peace in old age.	*Leute wollen in fortgeschrittenem Alter ihre Ruhe.*	
senile	**altersschwach**	
senility	**Altersschwäche**	
widow	**Witwe**	
widower	**Witwer**	

man, men	**Mann**	
woman, women	**Frau**	
masculine[5]	**männlich**	[5] *auch* male
feminine[6]	**weiblich**	[6] *auch* female

9 The family — Familie

relative	**Verwandte(r)**
married couple	**Ehepaar**
wife, wives[1]	**Ehefrau**
husband[2]	**Ehemann**
parents	**Eltern**
grandparents[3]	**Großeltern**
mother[4]	**Mutter**
grandmother[5]	**Großmutter**
mother-in-law, mothers-in-law	**Schwiegermutter**
father[6]	**Vater**
grandfather	**Großvater**
father-in-law, fathers-in-law	**Schwiegervater**
daughter[7]	**Tochter**
daughter-in-law, daughters-in-law	**Schwiegertochter**
son[8]	**Sohn**
son-in-law, sons-in-law	**Schwiegersohn**
grandchild, grandchildren	**Enkelkind**
granddaughter	**Enkelin**
grandson	**Enkel**
brothers and sisters[9]	**Geschwister**
sister[10]	**Schwester**
sister-in-law, sisters-in-law	**Schwägerin**
brother[11]	**Bruder**
brother-in-law, brothers-in-law	**Schwager**
aunt	**Tante**
uncle	**Onkel**
niece	**Nichte**
nephew ['nefjuː]	**Neffe**
cousin	**Cousin(e)**
fiancée	**die Verlobte**
fiancé	**der Verlobte**
(to) become engaged[12]	**sich verloben**
bride	**Braut**
bridegroom	**Bräutigam**
(to) marry[13]	**heiraten**
(to) become pregnant[14]	**schwanger werden**
(to) have a baby[15]	**ein Kind bekommen**
(to) separate[16]	**sich trennen**
(to) get divorced	**sich scheiden lassen**
single parent[17]	**Alleinerziehende(r)**

[1] ex-wife

[2] ex-husband

[3] great grandparents

[4] Mum(my); step-mother – *Stiefmutter*

[5] great grandmother

[6] Dad(dy); step-father – *Stiefvater*

[7] step-daughter – *Stieftochter*

[8] step-son – *Stiefsohn*

[9] *selten* sibling(s)

[10] half-sister – *Halbschwester*

[11] half-brother – *Halbbruder*

[12] become, became, become; *auch* (to) get engaged (get, got, got)

[13] *auch* (to) get married

[14] *auch* (to) get pregnant

[15] *auch* (to) give birth to a baby

[16] Adj. separated – *getrennt*

[17] single parent family

1 Complete the family tree.

2 Complete Sally's story with the missing verbs. Use the ***simple past.***

Hi. My name's Sally. This is my story – a bit sad, I know, but not unusual. I met (meet)[1] my husband, Frank, ten years ago and we ____________ (get on)[2] together immediately. After about six months we ____________ (become)[3] engaged, and about three months after that we ____________ (marry)[4]. At first we _________ (be)[5] very happy. I soon ____________ (get)[6] pregnant and after nine months I ________________ (give)[7] birth to a little boy, Jason. And then our problems began. Frank was very jealous – jealous of his own son. It _________ (is)[8] terrible. Then he lost his job and started drinking. Anyhow, after a time we ________________ (separate)[9] and ______________________ (get divorced)[10] a year later.

Zur Kontrolle:

1 Von unten nach oben: grandfather, grandmother – father, mother – son, daughter; brother, sister

2 1 (met) 2 got on 3 became 4 married 5 were 6 got 7 gave 8 was 9 separated 10 got divorced

10 Colours — Farben

primary colours ❐	**Grundfarben**	❐AmE: colors
black	**Schwarz**	
blue[1]	**Blau**	[1] light *oder* pale blue – *Hellblau;* dark blue – *Dunkelblau*
green	**Grün**	
red	**Rot**	
white	**Weiß**	
yellow	**Gelb**	
non-primary colours	**Mischfarben**	
azure blue	**Azurblau**	
beige	**Beige**	
brown	**Braun**	
cream	**Creme**	
gold	**Gold**	
grey ❐	**Grau**	❐AmE: gray
khaki	**Khaki**	
magenta	**Magenta, Tiefrot**	
off-white	**gebrochenes Weiß**	
orange	**Orange**	
pink	**Rosa**	
purple	**Lila**	
turquoise ['tɜːkwɔɪz]	**Türkis**	

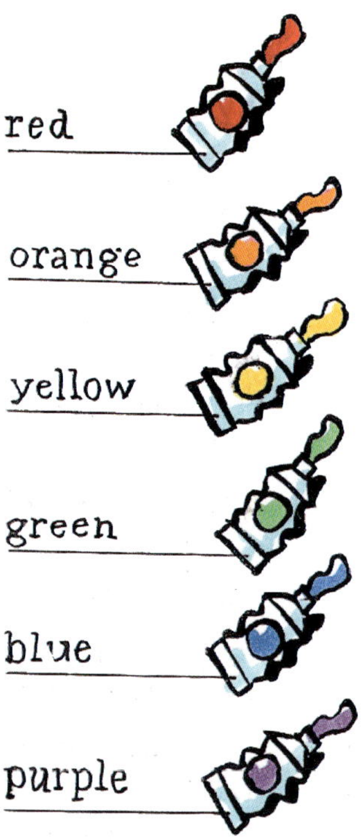

clothes [1] [kləʊðz]	**Kleidung, Kleidungsstücke**	[1] *nur Plural*
Your clothes are dirty.	*Deine Kleidung ist dreckig.*	
(to) wear [2]	**tragen**	[2] wear, wore, worn
(to) change	**umziehen**	
(to) get changed [3]	**umziehen**	[3] get, got, got
(to) get dressed [4]	**anziehen**	[4] *auch* (to) dress
(to) get undressed [5]	**ausziehen**	[5] *auch* (to) undress
(to) put on [6]	**anziehen**	[6] put, put, put
(to) take off [7]	**abnehmen**	[7] take, took, taken
(to) try on [8]	**anprobieren**	[8] *Schreibweise:* tried on
hat	**Hut**	
cap	**Mütze**	
headscarf, headscarves [9]	**Kopftuch**	[9] *Schreibweise!*
scarf, scarves [10]	**Schal, Halstuch**	[10] *Schreibweise!*
glove(s)	**Handschuh**	
anorak	**Anorak**	
coat	**Mantel**	
raincoat	*Regenmantel*	
winter coat	*Wintermantel*	
pocket	**Tasche**	
dress, dresses [11]	**Kleid**	[11] *Schreibweise!*
suit [suːt]	**Anzug, Kostüm**	
shirt	**Hemd**	
tie	**Krawatte**	
blouse	**Bluse**	
skirt	**Rock**	
jacket [12]	**Sakko, Jacke**	[12] blazer
pullover	**Pullover**	
sweater	**(dicker) Pullover**	
cardigan	**Strickjacke**	
trousers [13]	**Hose**	[13] Pl.; Sing. a pair of trousers
These trousers are too expensive.	*Diese Hose ist zu teuer.*	
jeans	**Jeans**	
shorts [14]	**kurze Hosen, Shorts**	[14] Pl.; Sing. a pair of shorts
boxer shorts		
sock(s)	**Socke(n)**	
tights [15]	**Strumpfhose**	[15] Pl.; Sing. a pair of tights
leggings [16]	**Leggings**	[16] Pl.; Sing. a pair of leggings
underwear	**Unterwäsche**	
bra	**BH**	
vest ❐	**Unterhemd**	❐ AmE: *Weste*
pants ❐	**Unterhose**	❐ AmE: *Hose*; Pl.; Sing. a pair of pants
dressing gown	**Bademantel**	
pyjamas [17]	**Schlafanzug**	[17] Pl.; Sing. a pair of pyjamas
apron [18]	**Schürze**	[18] overall – *Kittel*

shoe(s) [1]	**Schuh(e)**	[1] trainer(s) – *Sportschuh(e)*
boot(s)	**Stiefel**	
(to) do up [2]	**zumachen**	[2] do, did, done
belt	**Gürtel**	
button	**Knopf**	
press-stud	**Druckknopf**	
zip (fastener)	**Reißverschluss**	
Velcro fastener	**Klettverschluss**	
jewellery ❐	**Schmuck**	❐AmE: jewelery
hair slide	**Haarspange**	
earring	**Ohrring**	
stud	**Ohrstecker**	
necklace [3]	**Halskette**	[3] *auch* collar
brooch [brəʊtʃ]	**Brosche**	
bracelet	**Armband**	
chain	**Kette**	
ring	**Ring**	
watch	**Armbanduhr**	
handbag	**Handtasche**	
purse ❐	**Geldbeutel**	❐AmE: *Handtasche*
backpack	**Rucksack**	
wallet	**Brieftasche, Geldbeutel**	
handkerchief ['hæŋkətʃɪf], handkerchiefs	**Taschentuch**	
paper handkerchief	*Papiertaschentuch*	
collar	**Kragen**	
sleeve	**Ärmel**	
jumper	**Pullover**	

fashion [4]	**Mode**	[4] Adj. fashionable
old-fashioned	**altmodisch**	
accessory, accessories	**Accessoire**	
designer	**Designer(in)**	
model	**Model**	
catwalk	**Laufsteg**	

2 *Give the correct word.*

1 The noun form of 'fashionable': ______________________________

2 The plural form of 'accessory': ______________________________

3 The name of the place that models walk along: ______________________________

4 A piece of jewellery worn on the arm: ______________________________

5 An accessory used to hold long hair in place: ______________________________

6 The English expression for 'Klettverschluss': ______________________________

7 A kind of bag that is carried on the back: ______________________________

Zur Kontrolle:

1 1 cap 2 scarf 3 gloves 4 socks 5 tights 6 skirt 7 shirt 8 pullover *oder* jumper 9 trousers 10 jacket 11 suit 12 trainers 13 boots

2 1 fashion 2 accessories 3 catwalk 4 bracelet 5 hair slide 6 Velcro fastener 7 backpack

13 Bread and milk — Brot und Milch

Viele Lebensmittel – z. B. *bread, butter, ham, milk* – sind im Englischen **nicht zählbar.** Um solche Wörter mit *a/an* bzw. mit einem Zahlwort zu benutzen, müssen wir daher ein zählbares Nomen wie *a kilo/litre/pound of, two pieces/slices of* … oder *three bags/cartons/packets of* … hinzufügen. Weitere Möglichkeiten sind unten angegeben.

food	**Lebensmittel, Nahrung**	
bakery products	**Bäckereiprodukte**	
flour ['flaʊə(r)]	**Mehl**	
baguette	**Baguette**	
biscuit ❐ ['bɪskɪt]	**Keks**	❐AmE: cookie
bread[1]	**Brot**	[1] *nur Singular*
Pl. two loaves of bread	*zwei Laibe Brot*	
This bread is fresh.	*Dieses Brot ist frisch.*	
Please buy two loaves of bread.	*Kaufe bitte zwei Laibe Brot.*	
wholemeal bread ❐	**Vollkornbrot**	❐AmE: whole-grain bread
sliced bread	**Schnittbrot**	
crispbread	**Knäckebrot**	
roll	**Brötchen**	
cake	**Kuchen**	
doughnut ❐ ['dəʊnʌt]	**Berliner (in Berlin: Pfannkuchen), Krapfen**	❐AmE: donut
dairy products	**Molkereiprodukte**	
milk[1]	**Milch**	[1] *nur Singular*
Pl. two bottles/glasses of milk	*zwei Flaschen/Gläser Milch*	
cream[2]	**Sahne**	[2] *nur Singular*
Pl. two tubs/pots of cream	*zwei Becher/Töpfe Sahne*	
butter[3]	**Butter**	[3] *nur Singular*
Pl. 500 grammes of butter	*500 Gramm Butter*	
cheese[4]	**Käse**	[4] *nur Singular*
Pl. two slices of cheese	*zwei Scheiben Käse*	
hard cheese	*Hartkäse*	
soft cheese	*Weichkäse*	
ice cream	**Eis**	
chocolate[5]	**Schokolade**	[5] *nur Singular*
Pl. two bars of chocolate	*zwei Tafeln Schokolade*	
egg	**Ei**	
brown eggs	*braune Eier*	

English	Deutsch	Anmerkungen
fruit[1] [fru:t]	**Obst**	[1] *nur Singular*
Pl. three kinds/sorts of fruit	*drei Obstsorten*	
apple	**Apfel**	
pear	**Birne**	
plum	**Pflaume**	
cherry, cherries	**Kirsche**	
raspberry, raspberries	**Himbeere**	
strawberry, strawberries	**Erdbeere**	
gooseberry, gooseberries	**Stachelbeere**	
red currant	**rote Johannisbeere**	
black currant	**schwarze Johannisbeere**	
blackberry, blackberries	**Brombeere**	
peach, peaches	**Pfirsich**	
apricot	**Aprikose**	
grape	**Traube**	
grapefruit[2]	**Pampelmuse**	[2] *unverändert:* two grapefruit
orange	**Apfelsine**	
mandarin	**Mandarine**	
lemon	**Zitrone**	
banana	**Banane**	
pineapple	**Ananas**	
kiwi	**Kiwi**	
melon[3]	**Melone**	[3] water melon – *Wassermelone*
herbs and spices	**Kräuter und Gewürze**	
sugar[4]	**Zucker**	[4] *nur Singular*
Pl. two lumps/spoons of sugar	*zwei Stück/Löffel Zucker*	
salt[5]	**Salz**	[5] *nur Singular*
Pl. two grains of salt	*zwei Körnchen Salz*	
grain	**Körnchen**	
pinch	**Prise**	
pepper[6]	**Pfeffer**	[6] *nur Singular*
Pl. two pinches of pepper	*zwei Prisen Pfeffer*	
black pepper	*schwarzer Pfeffer*	
mustard[7]	**Senf**	[7] *nur Singular*
Pl. two jars/tubes of mustard	*zwei Gläser/Becher Senf*	
paprika[8]	**Paprika**	[8] *nur Singular*
Pl. two shakers of paprika	*zwei Paprikastreuer*	
curry (powder)	**Currygewürz**	
garlic[9]	**Knoblauch**	[9] *nur Singular*
Pl. three cloves of garlic	*drei Knoblauchzehen*	
clove of garlic	**Knoblauchzehe**	
vinegar	**Essig**	
parsley	**Petersilie**	
a bunch of parsley	*ein Bund Petersilie*	

15 Meat and fish — Fleisch und Fisch

meat	**Fleisch**
beef	**Rindfleisch**
minced beef	**Rindergehacktes**
veal	**Kalbfleisch**
pork	**Schweinefleisch**
lamb	**Lammfleisch**
rabbit	**Kaninchen**
venison	**Hirschfleisch**
chicken	**Hähnchen**
duck	**Ente**
goose	**Gans**
turkey	**Putenfleisch**

Im Englischen sind Fleisch *(meat)* und alle Fleischsorten, z.B. *beef, pork,* **nicht zählbar.** Um sie mit *a/an* bzw. mit einem Zahlwort zu gebrauchen, verwenden wir daher *a kilo/pound of …, two/… slices/ pieces of …*

fish	**Fisch**
cod	**Kabeljau**
herring	**Hering**
plaice	**Scholle**
salmon	**Lachs**
trout	**Forelle**
tuna	**Thunfisch**
shellfish	**Schalentiere**
prawn, prawns	**Garnele**
shrimp, shrimps	**Krabbe**

Im Englischen ist der **Plural** von *fish* und der meisten Fischsorten, z.B. *cod, herring, tuna,* die gleiche Form wie der Singular.
Die Fischsorten bleiben also im Plural unverändert.

vegetable	**Gemüse**
potato, potatoes	**Kartoffel**
onion	**Zwiebel**
pea(s)[1]	**Erbse(n)**
bean(s)[2]	**Bohne(n)**
broad beans	*dicke Bohnen*
cabbage	**Kraut**
cauliflower ['kɒliflaʊə(r)]	**Blumenkohl**
sprout(s)[3]	**Rosenkohl**
spinach[4] [spɪnɪtʃ]	**Spinat**
leek	**Porree, Lauch**
celery[5]	**Stangensellerie**
Pl. two bunches of celery	*zwei Bund Sellerie*
cucumber	**Gurke**
lettuce	**Salat(kopf)**
tomato, tomatoes	**Tomate**
asparagus[6]	**Spargel**
Pl. an asparagus stalk	*eine Stange Spargel*
mushroom	**Champignon**
1. maize[7] ❐	**Mais**
Pl. a cob of maize	*ein Maiskolben*
2. sweetcorn	

[1] *fast immer Plural*

[2] *fast immer Plural*

[3] *fast immer Plural*

[4] *Plural unverändert:* three spinach

[5] *nur Singular*

[6] *nur Singular*

[7] *nur Singular*
❐ AmE: corn

Obwohl Getränke im Englischen eigentlich **nicht zählbar** sind, werden sie beim Bestellen von einzelnen Getränken in Gaststätten, Cafés usw. meist als zählbar behandelt: *I'd like two coffees and a beer, please.*

corkscrew	**Korkenzieher**	
bottle opener	**Flaschenöffner**	
soft drink [1]	**alkoholfreies Getränk**	[1] hot/cold drink
alcoholic drink	**alkoholisches Getränk**	
mineral water [2]	**Mineralwasser**	[2] *nur Singular*
Pl. two bottles/glasses of water	*zwei Flaschen/Gläser Wasser*	
fruit juice [fruːt dʒuːs]	**Obstsaft**	
apple juice	**Apfelsaft**	
orange juice	**Orangensaft**	
tomato juice	**Tomatensaft**	
squash	**Fruchtsaftgetränk**	
coke, cola	**Cola**	
lemonade	**Zitronenlimonade**	
bitter lemon	**Bitterlemon**	
ginger-ale	**Ginger Ale**	
milkshake	**Milkshake**	
coffee [3]	**Kaffee**	[3] cup/pot of coffee
tea [4]	**Tee**	[4] cup/pot of tea
hot chocolate	**heiße Schokolade**	
wine [5]	**Wein**	[5] *nur Singular*
Pl. two carafes/glasses of wine	*zwei Karaffen/Gläser Wein*	
beer	**Bier**	
lager	**Pils**	
brown ale	**Altbier**	
spirits [6]	**Spirituosen, Schnaps**	[6] *nur Plural*
gin	**Gin**	
vodka	**Wodka**	
whisky, whiskey	**Whisky, Whiskey**	
Pl. whiskies, whiskeys		
bottle	**Flasche**	

➜ 17 Mahlzeiten

1 You work in a supermarket. Name the fruit and vegetables ***with plural forms.***

1 ____________________

2 ____________________

3 ____________________

4 ____________________

5 ____________________ 6 ____________________ 7 ____________________ 8 ____________________

9 ____________________ 10 ____________________ 11 ____________________ 12 ____________________

2 Form the plural of the uncountable words by adding a suitable countable noun from the box.

1	two ____________________ of ice cream	bars
2	four ____________________ of fruit	bunch
3	three ____________________ of sugar	cans
4	a ____________________ of salt	cloves
5	two ____________________ of mustard	kinds
6	three small ____________________ of tomato purée	lumps
7	four ____________________ of garlic	pinch
8	a ____________________ of parsley	tubs
9	three ____________________ of plain chocolate	tubes

Zur Kontrolle:

1 (Fruit) 1 apples 2 pears 3 lemons 4 bananas 5 pineapples (Vegetables) 6 onions 7 carrots 8 cauliflowers 9 cucumbers 10 lettuces 11 mushrooms 12 tomatoes

2 1 tubs 2 kinds 3 lumps 4 pinch 5 tubes 6 cans 7 cloves 8 bunch 9 bars

Meals | Mahlzeiten | 17

appetite ❒ ['æpɪtaɪt]	**Appetit**
canned food[1]	**Dosennahrung**
frozen food	**Tiefkühlkost**
fast food	**Schnellimbiss**
meal	**Mahlzeit**
dish, dishes	**Gericht**
breakfast[2]	**Frühstück**
lunch, lunches	**Mittagessen**
dinner[3]	**Abendessen**
supper	**Abendbrot**
course	**Gang (beim Essen)**
starter[4]	**Vorspeise**
main course	**Hauptgericht**
1. dessert[5] [dɪ'zɜːt]	**Nachtisch, Dessert**
2. pudding ❒	
picnic	**Picknick**
cup[6]	**Tasse**
saucer	**Untertasse**
glass, glasses	**Glas**
plate[7]	**Teller**
pot[8]	**Kanne, Kännchen**
knife, knives	**Messer**
fork	**Gabel**
spoon[9]	**Löffel**
sandwich, sandwiches[10]	**Sandwich**
cereal	**Getreideflocken**
egg[11]	**Ei**
boiled egg	*gekochtes Ei*
fried egg	*Spiegelei*
scrambled egg	*Rührei*
bacon	**Frühstücksspeck**
ham	**gekochter Schinken**
sausage	**1. Wurst**
	2. Bratwurst
toast[12]	**Toast**
Pl. two pieces/slices of toast	*zwei Toast/Scheiben Toast*
marmalade[13]	**Orangenmarmelade**
Pl. a jar of marmalade/ jam/honey	*ein Glas Orangenmarmelade/ Marmelade/Honig*
jam	**Konfitüre, Marmelade**
honey	**Honig**
salad	**Salat**

❒ D – E:
Guten Appetit! – Enjoy your meal.

[1] tinned food

[2] continental/English/ full breakfast

[3] tea: *warme Mahlzeit um ca. 17 Uhr*

[4] first course – *erster Gang*

[5] sweet – *süße Nachspeise;*

❒ E – D:
custard – *Pudding*

[6] egg cup – *Eierbecher*

[7] side plate – *kleiner Teller*

[8] teapot, coffee pot

[9] teaspoon – *Teelöffel*

[10] open sandwich – *belegtes Brot*

[11] omelette – *Omelett*

[12] *nur Singular*

[13] *nur Singular*

➜ 15 Fleisch

soup	**Suppe**	
fried fish	**Bratfisch**	
chips ❒	**Pommes frites**	❒AmE: french fries
roast meat	**Braten**	
roast beef[1]	**Rinderbraten**	[1] steak – *Steak*
roast lamb	**Lammbraten**	
roast pork[2]	**Schweinebraten**	[2] schnitzel – *Schnitzel*
sauce[3] [sɔːs]	**Soße**	
pie	**Pastete**	[3] gravy – *Bratensoße*
jelly, jellies	**Götterspeise**	
(to) cook[4]	**kochen**	[4] Nn. cook – *Koch/Köchin*
cooking	**das Kochen**	
cookery book ❒	**Kochbuch**	❒AmE: cookbook
cooker ❒	**Herd**	❒AmE: stove
(to) heat	**erhitzen**	
heat	**Hitze**	
hotplate[5]	**Kochplatte**	[5] gas ring – *Gasbrenner*
oven	**Backofen**	
microwave (oven)	**Mikrowelle(nherd)**	
jar	**(Vorrats-)Glas**	
jug ❒	**Krug, Kanne**	❒AmE: pitcher
kettle	**Wasserkocher**	
coffeemaker	**Kaffeemaschine**	
measuring cup	**Messbecher**	
bowl	**Schüssel, Schale**	
frying pan ❒	**Bratpfanne**	❒AmE: skillet
saucepan	**Kochtopf**	
wooden spoon	**Kochlöffel**	
(to) stir[6]	**umrühren**	[6] *Schreibweise*: stirred, stirring
casserole	**Schmortopf, Bräter**	
1. strainer **2. sieve**	**Durchschlag, Sieb**	
(to) strain *Have you strained the cabbage yet?*	**abgießen** *Hast du den Kohl schon abgegossen?*	

➜ 15 Fisch
➜ 15 Fleisch

(to) mix	**verrühren, vermengen**
mixer	**Mixer**
(to) toast	**toasten**
toaster	**Toaster**
can[1]	**Dose**
stew[2] [stjuː]	**Eintopf**
(to) prepare	**zubereiten**
preparation	**Zubereitung**
(to) peel[3]	**schälen**
peel	**Schale**
(to) cut	**schneiden**
(to) chop[4]	**klein schneiden**
(to) slice	**in Scheiben schneiden**
slice	**Scheibe**
piece	**Stück**
a piece of cake	*ein Stück Kuchen*
half, halves	**Hälfte**
to cut in halves	*halbieren*
half the cake	*der halbe Kuchen*
(to) beat[5]	**schlagen**
(to) bake	**backen**
(to) boil[6]	**kochen**
boiling point	**Siedepunkt**
(to) simmer[7]	**garen, ziehen lassen**
(to) stew	**schmoren**
stew	**Eintopf**
(to) steam[8]	**dünsten**
steam	**Dampf**
(to) fry[9]	**braten**
(to) grill[10]	**grillen**
(to) roast	**(im Ofen) braten**
smoke	**Rauch**
(to) dish out	**austeilen, servieren**
tray	**Tablett**

[1] *auch* tin: a can/tin of soup/peas/...

[2] *auch* thick soup – *dicke Suppe*

[3] peeling

[4] *Schreibweise:* chopping; chopped

[5] beat, beat, beaten

[6] Nn. boiling

[7] Nn. simmering

[8] Nn. steaming

[9] *Schreibweise:* fried, fried, frying

[10] (to) barbecue – *unter freiem Himmel grillen*

1 Complete the sentences.

1 We call food in cans 'canned' or ________________ food.

2 A 3-course ____________________________ is made up of a starter, a __________________ and a dessert.

3 A dessert like pudding or ice cream is sometimes called a ________________.

4 We cut meat with a ____________ while holding it with a ____________.

5 A ham ______________________ is a slice of ham between two pieces of bread; an '________________ sandwich' has only one piece of bread.

6 In British English, __________ are 'Pommes frites', but in American English they are 'Kartoffelchips'. However, you can use ____________________ for 'Pommes frites' in both forms of English.

2 Complete the sentences with a word from the box.

barbecue
boiling
braten
cooking
faster
fry
hotplate
microwave
oven
pan
peel
stir
steaming
vegetables

1 The preparation of food by heating it at a high temperature is called ________________.

2 Cookers are usually made up of a __________________ and an ________________.

3 A ________________ cooks food much ____________ than an ordinary oven does.

4 It's best to ________________ food with a wooden spoon so that you don't damage the ________________.

5 You have to ________________ the skin off hard __________________ like carrots.

6 Vegetables are usually cooked by ___________.

7 The English verbs (to) _____ and (to) roast are both __________ in German.

8 When you grill food outside, we say you ________________ it.

Zur Kontrolle:

1 1 tinned 2 meal, main course 3 sweet 4 knife, fork 5 sandwich, open 6 chips, french fries

2 1 cooking 2 hotplate, oven 3 microwave, faster 4 stir, pan 5 peel, vegetables 6 boiling 7 fry, braten 8 barbecue

Healthy lifestyle — Gesunde Lebensweise — 20

bodycare[1]	**Körperpflege**	[1] *auch* personal hygiene; healthcare – *Gesundheitsfürsorge*
condition	**Zustand**	
(to) be in good/bad/poor condition	*in guter/schlechter/erbärmlicher Verfassung sein*	
(to) wash[2]	**sich waschen**	[2] *auch* (to) have a wash
(to) shower[3]	**sich duschen**	[3] *auch* (to) have/take a shower
(to) clean[4]	**putzen, waschen**	[4] Nn. cleanliness
(to) clean one's teeth	*sich die Zähne putzen*	
(to) brush	**(sich) bürsten**	
(to) brush one's teeth/hair	*sich die Zähne/Haare bürsten*	
(to) comb	**(sich) kämmen**	
(to) comb one's hair	*sich die Haare kämmen*	
diet[5] ['daɪət]	**Diät**	[5] *Ernährung:* a healthy/unhealthy diet
(to) be/go on a diet	**Diät machen**	
No chips, thanks. I'm on a diet at the moment.	*Keine Fritten, danke. Ich mache gerade Diät.*	
vegetarian [ˌvedʒə'teəriən]	**Vegetarier(in)**	
exercise[6]	**Übung, Gymnastik**	[6] (to) do exercises; (to) take exercise
You really must take more exercise.	*Du musst dir wirklich Bewegung verschaffen.*	
exercise machine[7]	**Fitnessgerät**	[7] exercise bike – *Hometrainer, Trainingsrad*
workout	**Fitnesstraining**	
(to) have a workout		
fitness[8]	**Fitness**	[8] Adj. fit
gym[9] **(gymnasium)**	**Fitnessstudio, Turnhalle**	[9] (to) do gymnastics – *turnen*
health[10]	**Gesundheit**	[10] Adj. healthy; Adv. healthily
hygiene[11] ['haɪdʒiːn]	**Hygiene**	[11] Adj. hygienic; personal hygiene – *Körperpflege*
(to) walk[12]	**spazieren gehen**	[12] (to) go for a walk
walk	**Spaziergang**	
(to) jog[13]	**joggen**	[13] *auch* (to) go jogging
massage ['mæsaːʒ]	**Massage**	
(to) have a massage		
medical	**medizinisch**	
medical examination	*ärztliche Untersuchung*	
(to) sleep[14]	**schlafen**	[14] sleep, slept, slept; (to) go to sleep – *einschlafen*
sleep	**Schlaf**	
bed	**Bett**	
lamp	**Lampe**	
carpet	**Teppich**	
curtain	**Vorhang**	
lock	**(Tür-)Schloss**	
soap	**Seife**	
(to) sunbathe[15]	**sonnenbaden**	[15] Nn. sunbathing
(to) go sunbathing		

allergy, allergies[1]	**Allergie**
(to) bleed[2]	**bluten**
blood	**Blut**
a drop of blood	*ein Tropfen Blut*
breakdown	**Zusammenbruch**
nervous breakdown	*Nervenzusammenbruch*
(to) be sick	**krank sein, sich übel fühlen**
sickness	**Krankheit, Übelkeit**
I feel sick.	*Mir ist übel.*
illness, illnesses	**Krankeit**
chronic/terminal illness	*chronische/unheilbare Krankheit*
(to) be ill	**krank sein**
(to) suffer from	**leiden an**
1. disease	**ansteckende Krankheit**
2. infection	
(to) catch an infection[3]	*sich anstecken*
eating disorder	**Essstörung**
epidemic[4]	**Seuche**
wheelchair	**Rollstuhl**
wheelchair user	*Rollstuhlfahrer(in)*
symptom	**Symptom**
insomnia[5]	**Schlaflosigkeit**
(to) be unconscious	**bewusstlos sein**
unconsciousness	**Bewusstlosigkeit**
consciousness	**Bewusstsein**
(to) lose consciousness	*das Bewusstsein verlieren*
(to) regain consciousness	*das Bewusstsein wieder-erlangen*
temperature[6]	**Temperatur, Fieber**
Terry has a slight temperature.	*Terry hat leichtes Fieber.*
fever[7]	**Fieber**
painful	**schmerzhaft**
pain	**Schmerz**
swelling	**Schwellung**
rash, rashes	**Hautausschlag**
(to) hurt oneself	**sich verletzen**
She hurt herself opening a can of tuna.	*Sie hat sich verletzt, als sie eine Dose Tunfisch öffnete.*
(to) be injured	**verletzt werden**
A lot of children are injured in road accidents.	*Viele Kinder werden bei Verkehrsunfällen verletzt.*
injury	**Verletzung**
(to) wound	**verwunden**
wound	**Wunde**

[1] Adj. allergic – *allergisch*

[2] bleed, bled, bled

[3] catch, caught, caught

[4] pandemic – *sehr weit verbreitete Seuche*

[5] *nur Sing.; Pl.* periods of insomnia

[6] (to) have a temperature of 39°

[7] Adj. feverish – *fiebrig*

Pain — Schmerz — 22

fracture[1]	**Bruch**	[1] Adj. fractured – *gebrochen*
(to) twist	**verrenken**	
I have twisted my ankle.	*Ich habe mir das Fußgelenk verrenkt.*	
disability, disabilities[2]	**Behinderung**	[2] Adj. disabled – *behindert*
handicap[3]	**Behinderung**	[3] Adj. handicapped – *behindert;* paralysed – *gelähmt*
blind	**blind**	
blindness	**Blindheit**	
the blind	**die Blinden**	
deaf	**taub**	
deafness	**Taubheit**	
the deaf	**die Tauben**	
cold	**Erkältung**	
Sally can't come. She has a bad cold.	*Sally kann nicht kommen. Sie ist schwer erkältet.*	
(to) sneeze	**niesen**	
sneeze	**Niesen, Nieser**	
(to) cough	**husten**	
cough	**Husten**	
flu[4]	**Grippe**	[4] *nur Singular;* an attack of flu
(to) be sore	**wehtun**	
My throat is sore.	*Mein Hals tut weh.*	
sore throat	**Halsschmerzen**	
Tom says he has a very sore throat.	*Tom sagt, dass er starke Halsschmerzen hat.*	
pneumonia[5]	**Lungenentzündung**	[5] *nur Singular;* an attack of pneumonia
cancer	**Krebs**	
heart attack	**Herzanfall**	
stroke	**Schlaganfall**	
food poisoning[6]	**Lebensmittelvergiftung**	[6] *nur Singular*
an attack/a case of food poisoning	*eine Lebensmittelvergiftung*	
cramp	**Krampf**	
headache[7]	**Kopfschmerzen**	[7] (to) have **a** headache
toothache	**Zahnschmerzen**	
(to) have toothache		
backache	**Rückenschmerzen**	
(to) have backache		
stomach ache[8]	**Bauchschmerzen**	[8] (to) have **a** stomach ache
indigestion	**Magenverstimmung**	
constipation	**Verstopfung**	
diarrhoea[9]	**Durchfall**	[9] ugs. the runs
chickenpox	**Windpocken**	
measles[10]	**Masern**	[10] (to) catch/have measles; German measles – *Röteln*
mumps	**Mumps**	
smallpox	**Pocken**	

1 Find the English verbal phrase.

1 (to) brush one's hair

2 (to) ______________________

3 (to) ______________________

4 (to) ______________________

5 (to) ______________________

6 (to) ______________________

7 (to) ______________________

8 (to) ______________________

2 Put in an illness or condition (Leiden). *Be careful about the use of the indefinite article* **a**.

1 I can't stop sneezing. I think I'm getting ______________________.

2 In winter a lot of people get colds and ______________________.

3 His dog leads him around. That man's ______________________.

4 Stop shouting. You know, I'm not ______________________.

5 With flu, you often have a cough and a cold as well as ______________________.

6 Don't eat those green plums. They'll give you ______________________.

7 Can you carry this case for me, please? I've got ______________________.

8 Some people don't go to the dentist's even when they have ______________________.

Zur Kontrolle:

1 (1 brush one's hair) 2 comb one's hair 3 go to sleep 4 have a shower 5 sunbathe 6 walk *oder* jog 7 wash/have a wash 8 brush one's teeth

2 1 a cold 2 coughs 3 blind 4 deaf 5 a sore throat 6 a stomach ache 7 backache 8 toothache

doctor	**Arzt (Ärztin)**
family doctor	*Hausarzt (-ärztin)*
dentist	**Zahnarzt (-ärztin)**
practice nurse	**Arzthelferin**
doctor's/dental nurse	*Zahnarzthelferin*
doctor's receptionist	**Arzthelferin am Empfang**
surgery [1] ['sɜːdʒəriː]	**Chirugie; Sprechzimmer**
appointment	**Termin**
(to) treat	**behandeln**
life expectancy	**Lebenserwartung**
prescription	**Rezept**
checkup	**Untersuchung**
(to) examine	**untersuchen**
(to) drill	**an-/ausbohren**
(to) fill	**füllen**
The dentist had to drill and fill two teeth.	*Der Zahnarzt musste an zwei Zähnen bohren und sie füllen.*
filling	**Plombe**
dentures [2]	**Gebiss**
hospital	**Krankenhaus**
surgeon [3]	**Chirurg(in)**
patient	**Patient(in)**
nurse [4]	**Krankenschwester**
(to) care for sb [5]	**jmdn. pflegen**
Do they care for you well at this hospital?	*Wird man in diesem Krankenhaus gut gepflegt?*
The quality of care here is excellent.	*Hier ist die Qualität der Pflege ausgezeichnet.*
(to) look after sb	**sich um jmdn. kümmern**
Julie looks after old people.	*Julie kümmert sich um alte Leute.*
blood pressure [6]	**Blutdruck**
weight [7]	**Gewicht**
medicine	**Arzneimittel**
pill [8]	**Tablette**
ointment	**Salbe**
drip	**Tropfinfusion**
injection	**Spritze**
(to) give sb an injection	*jmdn. eine Spritze geben*
(to) vaccinate	**impfen**
We always vaccinate the children against flu.	*Wir impfen die Kinder immer gegen Grippe.*
vaccination	
(to) recover [9]	**sich erholen**
(to) convalesce [10]	**genesen, gesund werden**

[1] maternity ward – *Entbindungsstation*

[2] ugs. false teeth – *dritte Zähne*

[3] (to) need surgery – *operiert werden müssen*

[4] (to) nurse sb – *jmdn. pflegen*

[5] Nn. care – *Pflege*

[6] blood transfusion

[7] (to) weigh – *wiegen*

[8] ugs. the pill – *die Pille (Verhütungsmittel)*

[9] Nn. recovery – *Erholung*

[10] Nn. convalescence – *Genesung*

accident	**Unfall**
(to) cause an accident	*einen Unfall verursachen*
(to) have an accident	*einen Unfall haben*
car crash, car crashes	**Autounfall**
(to) collide with	**zusammenstoßen mit**
The car collided with a bike.	*Das Auto stieß mit einem Fahrrad zusammen.*
collision	**Zusammenstoß**
(to) hit [1]	**schlagen, treffen**
ambulance	**Krankenwagen**
(to) call an ambulance	*einen Krankenwagen holen*
paramedic [2]	**Sanitäter(in)**
emergency	**Notfall, Notstand**
emergency services	*Notdienste*
casualty, casualties	**Verletzte(r)**
Were there many casualties in the accident?	*Gab es viele Verletzte bei dem Unfall?*
accident victim	**Unfallopfer**
first aid	**Erste Hilfe**
(to) give first aid	*Erste Hilfe leisten*
(to) be injured [3]	**verletzt sein**
injury, injuries	**Verletzung**
(to) break [4]	**brechen**
(to) bruise [5] [bru:z]	**Prellung/blauen Fleck bekommen**
sprain	**Verstauchung**
(to) reanimate	**wiederbeleben**
shock	**Schock**
concussion	**Gehirnerschütterung**
(to) dress a wound [6]	**eine Wunde verbinden**
plaster [7]	**Gips**
They put my leg in plaster.	*Sie haben mein Bein in Gips gelegt.*
casualty ❐	**Unfallstation**
operating theatre ❐	**Operationssaal**
(to) operate (on sb)	**(jmdn.) operieren**
operation	**Operation**
ward	**Station**
intensive care unit [8]	**Intensivstation**
(to) x-ray sb/sth [9]	**röntgen**
They x-rayed my arm at the hospital.	*Im Krankenhaus haben sie meinen Arm geröntgt.*
(to) breathe [bri:ð]	**atmen**
breath [breθ]	**Atem**

[1] hit, hit, hit

[2] stretcher – *Tragbahre*

[3] ≠ uninjured; Vb. (to) injure;

[4] break, broke, broken

[5] Nn. bruise

[6] dressing – *Verband*

[7] sticking plaster – *Heftpflaster*

❐ AmE: emergency room

❐ AmE: operating room

[8] *Abkürzung:* ICU

[9] x-ray department – *Röntgenabteilung*

1 Link the jobs on the left with a typical activity (typische Tätigkeit) *on the right.*

1	dental nurse	a	(to) care for patients in hospital
2	dentist	b	(to) drill a tooth
3	doctor	c	(to) fetch a patient from the waiting room
4	doctor's receptionist	d	(to) give first aid after accidents etc.
5	nurse	e	(to) give sb an appointment
6	paramedic	f	(to) operate on sb
7	practice nurse	g	(to) prepare a filling
8	surgeon	h	(to) treat an illness

2 Complete the phrases with a verb from the box.

break
bruise
call
collide
dress
put
reanimate
vaccinate

1 (to) ________________ an ambulance
2 (to) ________________ sb after a heart attack
3 (to) ________________ one's face
4 (to) ________________ sb against infection
5 (to) ________________ a broken arm in plaster
6 (to) ________________ with a wall
7 (to) ________________ a wound
8 (to) ________________ a leg

Zur Kontrolle:
1 1 g 2 b 3 h 4 e 5 a 6 d 7 c 8 f
2 1 call 2 reanimate 3 bruise 4 vaccinate 5 put 6 collide 7 dress 8 break

25 Houses and flats — Häuser und Wohnungen

house	**Haus**	
detached house ❐	Einzelhaus	❐AmE: single family house
This detached house is surrounded by a lovely garden.	*Dieses Haus ist umgeben von einem entzückenden Garten.*	
semi-detached house ❐	Doppelhaus	❐AmE: two-family house
terraced house ❐	Reihenhaus	❐AmE: row house
bungalow	Bungalow	
cottage	Häuschen	
tower block	Hochhaus	
skyscraper	Wolkenkratzer	
flat ❐	Wohnung	❐AmE: apartment
block of flats ❐	Wohnblock	❐AmE: apartment building
bedsitter	Wohnschlafzimmer	
mobile home ❐	Wohnanhänger	❐AmE: trailer
villa	Villa	
mansion	Herrenhaus	
palace	Schloss	
castle	Burg	
rooms downstairs	**Zimmer im Erdgeschoss oder Keller**	
room	Zimmer	
hall	Diele	
guest toilet	Gästetoilette	
staircase	Treppenhaus	
living room	Wohnzimmer	
dining room	Esszimmer	
study	Arbeitszimmer	
kitchen	Küche	
storeroom	Abstellraum	
utility room	Wirtschaftsraum	
basement	Kellergeschoss	
cellar	Keller	
rooms upstairs	**Zimmer im Obergeschoss**	
attic ❐	Dachboden	❐ BrE, AmE: loft
bedroom	Schlafzimmer	
children's room	Kinderzimmer	
guest room	Gästezimmer	
bathroom	Badezimmer	
toilet	Toilette	
landing	Treppenabsatz, Gang	

(to) build[1]	**bauen**	[1] build, built, built; Nn. building – *Gebäude*
(to) put up[2]	**errichten, unterbringen**	[2] put up, put up, put up
(to) live	**wohnen**	
(to) occupy[3]	**bewohnen**	[3] *Schreibweise:* occupied
(to) stay with sb[4]	**(zeitweilig) bei jmdm. wohnen**	[4] Nn. stay – *Aufenthalt*
(to) move	**umziehen**	
The Greens have moved to York.	*Die Greens sind nach York umgezogen.*	
high-rise (building), high-rise buildings	**Hochhaus**	
storey	**Stockwerk**	
floor	**Etage**	
escalator[5]	**Rolltreppe**	[5] moving staircase
lift ❐	**Aufzug**	❐ AmE: elevator
accommodation[6]	**Unterkunft**	[6] shelter – *Zuflucht*
housing estate[7]	**Wohnsiedlung**	[7] estate – *Gut*
They're going to build a housing estate here.	*Sie haben vor, hier eine Wohnsiedlung zu bauen.*	
caretaker ❐	**Hausmeister(in)**	❐ AmE: janitor
home	**Heim**	
(to) be at home, (to) go home		
residence[8]	**Wohnsitz**	[8] resident – *Bewohner(in)*
roof, roofs	**Dach**	
chimney	**Schornstein**	
room	**Zimmer**	
ceiling	**Decke**	
wall	**Wand**	
floor	**Boden**	
window	**Fenster**	
balcony	**Balkon**	
door[9]	**Tür**	[9] front door – *Haustür,* back door – *Hintertür*
heating	**Heizung**	
fireplace	**Kamin**	
radiator	**Heizkörper**	
furniture[10]	**Möbel**	[10] *nur Singular;* Pl. pieces of furniture
garage	**Garage**	
garden	**Garten**	
yard	**Hof**	
garden hut/shed	**Geräteschuppen**	
terrace	**Terrasse**	
fence	**Zaun**	
hedge	**Hecke**	

height	**Höhe**
width	**Breite**
length	**Länge**

1 Label the parts of the room.

2 Label the rooms in a typical two-storey house.

Zur Kontrolle:

1 1 ceiling 2 wall 3 floor 4 window 5 door 6 fireplace 7 radiator

2 (Upstairs) 1 bedroom 2 children's room 3 bathroom 4 landing
(Downstairs) 5 stairs 6 hall 7 dining room 8 living room 9 kitchen

shopping mall	(überdachtes) Einkaufszentrum	
shopping arcade	Einkaufspassage	
department store	Warenhaus	
specialist shop/outlet	Fachgeschäft	
second-hand shop	Gebrauchtwarenladen	
discounter	Diskountladen	
supermarket	Supermarkt	
hypermarket	Hypermarkt (sehr großer Supermarkt)	
corner shop	Tante-Emma-Laden	
market	Markt	
market stall	Marktstand	
factory outlet	Direkt-/Fabrikverkauf	
retail business	Einzelhandelsgeschäft	
baker's	Bäckerei	
bookshop	Buchhandlung	
boutique	Boutique	
butcher's	Fleischerei, Metzgerei	
chemist's ❒	Apotheke	❒AmE: pharmacy ['fa:məsi]
clothes shop	Bekleidungsgeschäft	
computer shop	Computergeschäft	
DIY[1] store	Bau-/Heimwerkermarkt	[1] do it yourself
drugstore	Drogerie	
electrical shop	Elektrogeschäft	
florist's	Blumenladen	
gift shop	Geschenkladen	
greengrocer's	Obst- und Gemüseladen	
grocer's	Lebensmittelladen	
jeweller's ❒	Juwelier	❒AmE: jeweler
newsagent's	Zeitungsladen	
off-licence	Wein- und Spirituosenladen	
shoe shop	Schuhgeschäft	
stationer's	Schreibwarenladen	
sweet shop	Süßwarengeschäft	
tobacconist's	Tabakladen	

Bei Geschäften, bei denen der Name des Geschäftes eine Personen- bzw. Berufsbezeichnung ist – z.B. *butcher, chemist, newsagent* –, lassen wir das Nomen *shop* meist weg.

Vergleiche:
- We always buy meat **at the butcher's.**
- There's a good **clothes shop** in Station Road.

➜ 88 Berufe

28 Service providers — Dienstleister

car hire	Autovermietung	
filling station ❐	Tankstelle	❐AmE: gas station
garage ❐ ['gærɑːʒ]	Autowerkstatt	❐D–E: *Garage* – garage, car park
dressmaker's	Damenschneiderei	
tailor's	Herrenschneiderei	
shoe-repairer's	Schusterei	
shoemaker's	Schuhmacherei	
hairdresser's	Friseur	
bank	Bank	
building society	Bausparkasse	
betting shop	Wettbüro	
estate agent's ❐	Immobilienmakler(in)	❐AmE: real estate agency
insurance broker's	Versicherungsmakler	
travel agent's	Reisebüro	
tourist information centre	Fremdenverkehrsbüro	
hotel	Hotel	
guest house	Pension	
1. café	Café	
2. coffee shop		
bistro	Bistro	
pub	Gaststätte, Kneipe	
restaurant	Restaurant	
snack bar	Imbiss	
shopping	Einkaufen	
shop assistant	Verkäufer(in)	
customer	Kunde, Kundin	
(to) buy [1]	kaufen	[1] buy, bought, bought
(to) sell [2]	verkaufen	[2] sell, sold, sold
(to) supply [3]	liefern	[3] *Schreibweise:* supplied
(to) pay [4]	bezahlen	[4] pay, paid, paid
bill	Rechnung	
shoplifting	Ladendiebstahl	
store detective	Kaufhausdetektiv	
closed-circuit TV [5]	Fernsehüberwachungsanlage	[5] *Abkürzung:* CCTV
bargain	Schnäppchen	
special offer	Sonderangebot	
sale	Aus-, Schlussverkauf	
brand	Marke	
cashier [kæ'ʃɪə(r)]	Kassierer(in)	
check-out	Kasse	
counter	Ladentisch	
(to) display	ausstellen	
display	Ausstellung	
show-case	Vitrine	
after sales service	Kundendienst	

→ 83 Gewinn und Verlust
→ 88 Berufe

1 Say where you would go to buy the following articles. Be careful about the s-genitive ('s).

1 a computer magazine a ____________________

2 an exercise book a ____________________

3 a pair of designer jeans a ____________________

4 a radio an ____________________

5 some cough medicine a ____________________

6 some fresh rolls a ____________________

7 three steaks a ____________________

8 a tube of hair gel a ____________________

2 Look at the German and give (in British English) the names of suitable service providers. Be careful about the s-genitive ('s).

1 Versicherung abschließen ____________________

2 Wette abschließen ____________________

3 Mädchenjeans kürzen lassen ____________________

4 Haare machen lassen ____________________

5 Urlaub buchen ____________________

6 Wohnung mieten ____________________

7 Schuhe reparieren lassen ____________________

8 Auto tanken ____________________

Zur Kontrolle:

1 1 newsagent's 2 stationer's 3 clothes shop 4 electrical shop 5 chemist's 6 baker's 7 butcher's 8 drugstore

2 1 insurance broker's 2 betting shop 3 dressmaker's 4 hairdresser's 5 travel agent's 6 estate agent's 7 shoe-repairer's 8 filling station

29 Public facilities — Öffentliche Einrichtungen

town hall[1]	**Rathaus**	[1] county hall – *Kreishaus*
hospital[2]	**Krankenhaus**	[2] nursing home – *Pflegeheim*
old people's home	**Altenheim**	
youth centre[3]	**Jugendzentrum**	[3] youth hostel – *Jugendherberge*
police station	**Polizeiwache**	
fire station	**Feuerwache**	
post office	**Postamt**	
university[4]	**Universität, Hochschule**	[4] college – *Kolleg*
kindergarten	**Kindergarten**	
day nursery	**Kindertagesstätte**	
school	**Schule**	
primary school	**Grundschule**	
secondary school	**weiterführende Schule**	
bus station	**Busbahnhof**	
railway station	**Bahnhof, Eisenbahn**	
main railway station	*Hauptbahnhof*	
1. tube station	**U-Bahn-Station**	
2. underground station ❐		❐ AmE: subway station
park[5]	**Park**	[5] car park – *Parkplatz*
swimming pool	**Schwimmbad**	
public toilets	**öffentliche Toiletten**	
Are there any public toilets nearby?	*Gibt es eine öffentliche Toilette in der Nähe?*	
refuse dump[6]	**Müllkippe**	[6] *auch* rubbish dump
prison[7]	**Gefängnis**	[7] open prison – *offene Strafanstalt*

street	**Straße**	
one-way street	*Einbahnstraße*	
crossroads[1]	**Kreuzung**	[1] *auch* junction
street light	**Straßenlaterne**	
pavement ❐	**Bürgersteig**	❐ AmE: sidewalk
shopper	**Käufer(in)**	
pedestrian [pə'destriən]	**Fußgänger(in)**	
pedestrian crossing[2]	**Fußgängerüberweg**	[2] zebra crossing – *Zebrastreifen*
subway ❐	**Unterführung**	❐ AmE: underpass
traffic[3]	**Verkehr**	[3] traffic jam – *Verkehrsstau*
delivery van	**Lieferwagen**	
road sign	**Straßenschild**	
signpost	**Wegweiser**	
street cleaner	**Straßenkehrer(in)**	
roadworks	**Straßenbauarbeiten**	
speed bump[4]	**Bodenschwelle**	[4] ugs. sleeping policeman
traffic lights	**Verkehrsampel**	
roundabout	**Kreisverkehr**	
car park	**Parkplatz**	
turning area	**Wendeplatz**	
parking space[5]	**Parklücke**	[5] parking meter – *Parkuhr*
police car	**Polizeiauto**	
police officer	**Polizist(in)**	
traffic warden[6]	**Verkehrs-/Hilfspolizist(in)**	[6] parking ticket – *Strafzettel*
post box	**Briefkasten**	
post van	**Postauto**	
postman/-woman[7]	**Postzusteller(in)**	[7] Pl. postmen/ -women
refuse truck	**Müllwagen**	
phone box, phone boxes	**Telefonhäuschen**	
bus, buses	**Bus**	
bus lane[8]	**Busspur**	[8] bus bay – *Haltebucht*
bus stop[9]	**Bushaltestelle**	[9] bus shelter – *Wartehäuschen*
taxi	**Taxi**	
taxi rank ❐	**Taxistand**	❐ AmE: taxi stand
cycle track[10]	**Radweg**	[10] cycle lane – *Radspur*
bench	**Sitzbank**	
(litter) bin	**Abfallkorb**	
billboard	**Reklametafel**	
neon sign	**Leuchtreklame**	
monument	**Denkmal**	
clock	**Uhr**	

31 In the country — Auf dem Land

village	**Dorf**	
farm	**Bauernhof**	
farmer	**Bauer, Bäuerin**	
farm worker	**Landarbeiter(in)**	
farmhouse	**Bauernhaus**	
barn	**Scheune**	
stable	**Stall**	
farmyard	**Hof**	
gate	**Tor**	
livestock	**Vieh**	
cattle	**Rindvieh**	
poultry	**Federvieh**	
manure heap[1]	**Misthaufen**	[1] ugs. muck heap
field	**Feld**	
hedge	**Hecke**	
fence	**Zaun**	
farm track	**Feldweg**	
footpath	**Fußweg**	
ditch, ditches	**Graben**	
lane	**Landsträßchen**	
meadow ['medəʊ]	**Wiese**	
orchard ['ɔːtʃəd]	**Obstgarten**	
nursery	**Baumschule**	
tractor	**Traktor**	
trailer	**Anhänger**	
plough	**Pflug**	
combine harvester	**Mähdrescher**	
heath	**Heide**	
1. wood[2] **2. forest**	**Wald**	[2] wooded area – *Waldgebiet*

English	Deutsch
park[1]	**Park**
playground	**Spielplatz**
leisure centre	**Freizeitzentrum**
amusement arcade	**Spielhalle**
casino, casinos	**Spielbank**
betting shop	**Wettbüro**
(to) bet[2]	**wetten**
(to) gamble	**um Geld spielen**
gambler	**Glücksspieler(in)**
bowling alley	**Bowling-/Kegelbahn**
(to) go bowling[3]	**bowlen gehen**
cinema	**Kino**
theatre	**Theater**
opera house	**Opernhaus**
concert hall	**Konzertsaal**
disco(theque), discos	**Disko(thek)**
night-club	**Nachtklub**
playing field	**Spielfeld (Sport)**
stadium	**Stadion**
ice rink	**(Kunst-)Eisbahn**
(to) ice-skate	**Schlittschuh laufen**
swimming pool	**Schwimmbad**
sauna	**Sauna**
funfair	**Kirmes**
roundabout	**Karussell**
swing	**Schaukel**
circus, circuses	**Zirkus**

[1] theme park – *Freizeitpark*

[2] bet, bet, bet

[3] go, went, gone

1 *Label the things and people you see. Use British English.*

Zur Kontrolle:

1 1 pavement 2 car park 3 traffic warden 4 pedestrian crossing *oder* Zebra crossing 5 traffic lights 6 bench 7 bus stop 8 (litter) bin 9 delivery van 10 phone box 11 police car 12 post box 13 road sign 14 street light 15 farmer 16 hedge 17 tractor

Educational institutions Bildungseinrichtungen 33

primary school ❐	**Grundschule**	❐ AmE: elementary school
secondary school	**weiterführende Schule**	
high school ❐	**Gesamtschule**	❐ BrE *auch:* comprehensive school
technical high school	**der 'Realschule' vergleichbar**	
secondary modern school	**Hauptschule**	
grammar school	**Gymnasium**	
sixth form college	**Oberstufenzentrum**	
special school	**Förderschule**	
vocational school	**Berufsschule**	
college of further education	**Berufskolleg**	
commercial school	**Handelsschule**	
business college	**Wirtschaftskolleg**	
technical school	**Fachschule für Technik**	
adult education centre	**Volkshochschule**	
university	**Universität, Hochschule**	
state school	**staatliche Schule**	
confessional school	**Konfessionsschule**	
church school	**kirchliche Schule**	
private school	**Privatschule**	
boarding school	**Internat**	
night school	**Abendschule**	
course	**Kurs**	
evening course	*Abendkurs*	
campus	**Hochschulgelände**	
department	**Abteilung**	
faculty, faculties	**Fakultät**	
student hostel	**Studentenheim**	
research institute	**Forschungsinstitut**	

(black)board[1]	**Tafel**	[1] board flap – *Tafelflügel*
chalk	**Kreide**	
sponge	**Tafelschwamm**	
teacher's desk	**Lehrertisch, Pult**	
register	**Klassenbuch**	
overhead projector[2]	**Tageslichtprojektor**	[2] transparency – *Folie*; screen – *Leinwand*
slide projector	**Diaprojektor**	
CD player[3]	**CD-Spieler**	[3] compact disc
cassette recorder	**Kassettenrecorder**	
bin	**Abfalleimer**	
pupil ❐	**Schüler(in)**	❐ AmE: student
desk	**(Schüler-)Tisch**	
book	**Buch**	
exercise book	**Heft**	
textbook	**Schulbuch, Kursbuch**	
workbook	**Arbeitsheft, Workbook**	
workstation	**Workstation**	
vocab/vocabulary book	**Vokabelheft**	
bookcase	**Bücherregal**	
bookshelf, bookshelves	**Bücherbord**	
dictionary	**Wörterbuch**	
noticeboard[4]	**Anschlagtafel, Schwarzes Brett**	[4] *auch* pinboard
timetable	**Stundenplan**	
coat rack	**Garderobe**	
chair	**Stuhl**	
table	**Tisch**	
paper[5]	**Papier**	[5] Pl. bits/sheets of paper
poster	**Poster**	

form	**Klasse**	
form teacher	*Klassenlehrer(in)*	
form captain	*Klassensprecher(in)*	
class, classes	**Klasse, Lerngruppe**	
tutor[6]	**Tutor(in)**	[6] tutor group – *Tutorengruppe*
teacher	**Lehrer(in)**	
head teacher[7]	**Schulleiter(in)**	[7] head of department – *Fachleiter(in)*
parents' evening	**Elternabend/-sprechtag**	
lesson[8]	**Unterrichtsstunde**	[8] *auch* period
study period	**Freiarbeitsstunde**	
break	**Pause**	
instruction	**Unterricht, Anweisung**	
exercise[9]	**Aufgabe, Übung**	[9] *auch* task, project
homework	**Hausaufgabe(n)**	

Teaching, learning | Lehren, Lernen | 35

(to) teach [1]	**unterrichten, lehren**
(to) say [2]	**sagen**
(to) announce	**bekanntgeben**
(to) explain [3]	**erklären**
Would you explain this to me, please?	*Würdest du mir das bitte erklären?*
(to) speak up [4]	**lauter sprechen**
(to) give an example [5]	**ein Beispiel geben**
(to) show [6]	**zeigen**
(to) demonstrate	**vorführen**
(to) prompt	**zuflüstern**
(to) remind sb of sth [7]	**jmdn. an etwas erinnern**
She reminds me of my sister when she was young.	*Sie erinnert mich an meine Schwester, als diese jung war.*
(to) learn [8]	**lernen**
(to) take part [9]	**teilnehmen**
(to) work in groups	**in Gruppen arbeiten**
(to) work in pairs	**paarweise arbeiten**
(to) work with a partner	**Partnerarbeit**
(to) practise	**üben**
(to) carry out [10]	**durchführen**
(to) carry out an experiment	
(to) take out	**herausnehmen**
(to) open	**öffnen**
(to) close	**schließen**
(to) hand in	**abgeben**
(to) hand out [11]	**aushändigen**
(to) give out	**verteilen**
(to) return	**zurückgeben**
(to) pay attention [12]	**aufpassen**
(to) write out [13]	**aufschreiben**
(to) copy down [14]	**aufschreiben**
(to) take notes	**Notizen machen**
(to) have finished [15]	**fertig sein**

[1] teach, taught, taught

[2] say, said, said

[3] *transitiv:* (to) explain sth to sb

[4] speak, spoke, spoken

[5] give, gave, given

[6] show, showed, shown

[7] (to) remind sb **to** do sth

[8] learn, learnt, learnt; Nn. learner

[9] take, took, taken; (to) take part in sth

[10] *Schreibweise:* carried out

[11] Nn. handout

[12] pay, paid, paid

[13] write, wrote, written

[14] *Schreibweise:* copied

[15] have, had, had

36 School subjects Fächer

Traditionell waren die Namen von Fächern im BrE großgeschrieben (**H**istory), und – abgesehen von Sprachen – im AmE klein (**h**istory). Heute jedoch werden sie (wiederum außer den Sprachen) zunehmend auch im BrE kleingeschrieben.

subject	**Fach**
syllabus ['sɪləbəs]	**Lehrplan**
social studies	**Sozialwissenschaften**
history	**Geschichte**
geography	**Erdkunde**
citizenship	**Bürgerkunde**
business studies	**Wirtschaftswissenschaften**
media studies	**Medienwissenschaft**
information technology[1]	**Informatik**
religious education[2]	**Religion**
English[3]	**Englisch**
mathematics ❒	**Mathematik**
science[4]	**Naturwissenschaft**
biology	**Biologie**
sex education	**Sexualkunde**
chemistry	**Chemie**
physics ['fɪzɪks]	**Physik**
technology[5]	**Technologie**
Greek	**Griechisch**
Latin	**Latein**
French	**Französisch**
German	**Deutsch**
Spanish	**Spanisch**
Italian	**Italienisch**
art[6]	**Kunst**
music	**Musik**
domestic science	**Hauswirtschaft**
physical education[7]	**Sport**

[1] *Abkürzung:* IT

[2] *Abkürzung:* RE

[3] English language, English literature

❒ *Abkürzung:* BrE: maths, AmE: math

[4] *auch* life sciences

[5] woodwork – *Holzarbeit;* metalwork – *Metallarbeit*

[6] pottery – *Töpferei*

[7] *Abkürzung:* PE

(to) read[1]	**lesen**	[1] read, read, read; Nn. reading
reader	**Leser(in)**	
(to) recite	**aufsagen**	
(to) recite a poem	*ein Gedicht aufsagen*	
(to) speak[2]	**sprechen**	[2] speak, spoke, spoken; Nn. speaking
speaker	**Sprecher(in)**	
(to) repeat	**wiederholen**	
repetition	**Wiederholung**	
(to) learn by heart[3]	**auswendig lernen**	[3] learn, learnt, learnt
(to) write[4]	**schreiben**	[4] write, wrote, written; Nn. writing
writer	**Schreiber(in), Autor(in)**	
(to) take notes[5]	**Notizen machen**	[5] take, took, taken
note-taking	**Notizenmachen**	
(to) reproduce	**nacherzählen**	
reproduction	**Nacherzählung**	
(to) conclude	**schließen**	
conclusion	**Schluss(teil)**	
(to) analyse	**analysieren**	
analysis, analyses	**Analyse**	
(to) argue[6]	**argumentieren**	[6] Adj. argumentative – *widerspruchsfreudig*
argument	**Argument, Diskussion**	
(to) discuss	**diskutieren, besprechen**	
discussion	**Diskussion**	
(to) comment	**kommentieren**	
commentary, commentaries	**Kommentar**	
(to) criticize	**kritisieren**	
criticism[7]	**Kritik**	[7] Adj. critical – *kritisch*
(to) review	**untersuchen**	
review	**Untersuchung, Übersicht**	
(to) recognize	**erkennen**	
recognition	**Wiedererkennen**	
composition	**Aufsatz**	
essay ❐	**Aufsatz**	❐ AmE: paper
comprehension[8]	**Verständnis**	[8] listening/reading/visual comprehension
(to) concentrate	**sich konzentrieren**	
concentration	**Konzentration**	
gift[9] ❐	**Talent, Begabung**	[9] *auch* talent ❐ D–E: *Gift* – poison
idea	**Idee**	
imagination[10]	**Fantasie**	[10] Adj. imaginative – *fantasievoll*
(to) imagine	**sich vorstellen**	
intelligence[11]	**Intelligenz**	[11] Adj. intelligent
knowledge[12]	**Wissen**	[12] Adj. knowledgeable – *sachkundig*
memory[13]	**Gedächtnis**	[13] Adj. memorable – *unvergesslich*

(to) assess	**beurteilen**	
assessment	**Beurteilung**	
(to) examine	**prüfen**	
exam(ination)	**Prüfung**	
(to) take an exam[1]	**eine Prüfung machen**	[1] take, took, taken
Ten students took the exam in Latin.	*Zehn Studenten machten die Lateinprüfung.*	
examiner	**Prüfer(in)**	
examinee[2]	**Prüfling**	[2] *auch* candidate
(to) test	**prüfen**	
question paper	**Aufgabenblatt**	assessment/ vocab test
(to) cheat	**mogeln**	
(to) copy[3]	**abschreiben**	
(to) mark	**korrigieren und benoten**	[3] *Schreibweise:* copied
mark	**Punkt**	
What mark did you get?	*Welche Note hast du bekommen?*	
(to) pass	**(Prüfung) bestehen**	
(to) fail	**(Prüfung) nicht bestehen**	
(to) grade	**benoten**	
grade	**Note**	
I got a better grade than last time.	*Ich bekam eine bessere Note als letztes Mal.*	
certificate[4]	**Zeugnis, Zertifikat**	[4] diploma – *Diplom*
report ❐	**Schulzeugnis**	❐AmE: report card
(to) graduate	**Studium abschließen**	
graduate	**Akademiker(in)**	
graduation	**Abschlusszeremonie**	

1 *Label the people and things in the classroom.*

Zur Kontrolle:

1 1 coat rack 2 board 3 chalk 4 (board) duster 5 bookcase 6 desk 7 pupils 8 teacher's desk, register 9 teacher 10 overhead (projector) 11 screen 12 pinboard, timetable 13 poster 14 bin

2 Find the verb forms of the nouns.

1 analysis (to) ____________
2 announcement (to) ____________
3 argument (to) ____________
4 commentary (to) ____________
5 concentration (to) ____________
6 conclusion (to) ____________
7 discussion (to) ____________
8 explanation (to) ____________
9 handout (to) ____________
10 imagination (to) ____________
11 knowledge (to) ____________
12 practice (to) ____________
13 recognition (to) ____________
14 reminder (to) ____________
15 repetition (to) ____________

3 Cross out (ausstreichen) the wrong or less suitable word.

1 Our maths assessment / exam is on Friday afternoon.
2 The examiner / teacher told us to stop writing.
3 We all passed, but we didn't all get the same grade / mark.
4 Sam had to leave the room because he cheated / copied in the exam.
5 Everybody who did / took the exam was given a certificate / report.
6 Examinees sometimes get a special answer paper / test book from the invigilator (Aufsichtsperson).

Zur Kontrolle:

2 1 analyse 2 announce 3 argue 4 comment 5 concentrate 6 conclude 7 discuss 8 explain 9 hand out 10 imagine 11 know 12 practise 13 recognise 14 remind 15 repeat

3 (übrig) 1 exam 2 examiner 3 grade 4 cheated 5 took, certificate 6 answer paper

free time[1]	**Freizeit**	[1] *nur Singular;* Pl. a free time activity
activity, activities	**Aktivität, Beschäftigung**	
recreation	**Erholung**	
hobby, hobbies	**Hobby**	
(to) take part in sth[2]	**an etwas teilnehmen**	[2] take, took, taken
Sue takes part in a lot of activities.	*Sue nimmt an vielen Aktivitäten teil.*	
participant	**Teilnehmer(in)**	
(to) be interested in[3]	**sich für ... interessieren**	[3] ≠ uninterested; disinterested – *unparteiisch*
Jack is interested in languages.	*Jack interessiert sich für Sprachen.*	
(to) collect[4]	**sammeln**	[4] Nn. collector – *Sammler(in)*
collection	**Sammlung**	
(to) surf the net	**im Internet surfen**	
You can surf the net for the details.	*Um genauere Informationen zu finden, kannst du im Internet surfen.*	
computer game	**Computerspiel**	
chat room	**Chat-Room**	
(to) visit a chat room		
(to) spend[5] *time in chat rooms*		[5] spend, spent, spent
do-it-yourself[6]	**Heimwerken**	[6] *Abkürzung:* DIY; do-it-yourselfer – *Heimwerker(in)*
sowing	**Nähen**	
(to) watch TV	**fernsehen**	
(to) watch DVDs/films/videos		
viewer[7]	**Zuschauer(in)**	[7] *besonders TV*
spectator[8]	**Zuschauer(in)**	[8] *besonders Sport*
(to) meet[9]	**sich treffen**	[9] meet, met, met
(to) hang about	**herumlungern**	
Sam hangs about in town a lot.	*Sam lungert viel in der Innenstadt herum.*	
band	**Band, Musikgruppe**	
(to) listen to music[10]	**Musik hören**	[10] Nn. listening
listener	**Zuhörer(in)**	
(to) dance	**tanzen**	
photography[11]	**Fotografie**	[11] Nn. photo(s); (to) take a photo
photographer	**Fotograf(in)**	
(to) play cards	**Karten spielen**	
(to) cycle[12] ['saɪkl]	**radeln**	[12] Nn. cycling
cyclist	**Radler(in)**	
(to) skate[13]	**Roll-/Schlittschuh fahren**	[13] Nn. skating
skater	**Rollschuhfahrer(in)**	
(to) swim[14]	**schwimmen**	[14] swim, swam, swum; Nn. swimming
swimmer	**Schwimmer(in)**	
(to) walk[15]	**wandern**	[15] Nn. walking
walker	**Wanderer/Wanderin**	

40 Kinds of sport — Sportarten

Mit dem Verb (to) do:[1]	
aerobics	**Aerobic**
athletics	**Leichtathletik**
track athletics	*Bahnensport*
field athletics	*Feldsport*
boxing	**Boxen**
gymnastics	**Gymnastik**
rifle/target shooting	**Schießen**
wrestling ['reslɪŋ]	**Ringen**
weight-lifting	**Gewichtheben**

Mit dem Verb (to) go:[2]	
bungee-jumping	**Bungee-Springen**
canoeing	**Kanufahren**
cycling	**Radfahren**
cycle racing	**Fahrradrennen**
gliding	**Segelfliegen**
hang-gliding	**Drachenfliegen**
hunting	**Jagen**
ice-skating	**Schlittschuhfahren**
inline-skating	**Inlineskaten**
jogging	**Joggen**
surfing	**Surfen**
kite surfing	**Drachensurfen**
parachuting	**Fallschirmspringen**
mountain-climbing	**Bergsteigen**
orienteering	**Orientierungsrennen**
riding	**Reiten**
rowing	**Rudern**
sailing	**Segeln**
skiing	**Skifahren**
snowboarding	**Snowboardfahren**
swimming	**Schwimmen**
1. walking ❐	**Wandern**
2. rambling	
windsurfing	**Windsurfen**

[1] do, did, done

[2] go, went, gone

❐ AmE:
hiking – *Wandern*

Mit dem Verb **(to) play:**

badminton	**Federball**
baseball	**Baseball**
basketball	**Basketball**
billiards	**Billard**
darts	**Wurfpfeil**
football ❐	**Fußball**
golf	**Golf**
handball	**Handball**
hockey	**Hockey**
ice-hockey	**Eishockey**
polo	**Polo**
squash	**Squash**
table tennis	**Tischtennis**
tennis	**Tennis**
volleyball	**Volleyball**

❐AmE: soccer; American football ≠ *Fußball*

amateur sport	**Breitensport**
professional sport	**Profisport**
sportsman/-woman[1]	**Sportler(in)**
game/match[2]	**Spiel**
first/second half, halves	**erste/zweite Halbzeit**
team	**Mannschaft, Team**
trainer ❐	**Trainer(in)**
championship[3]	**Meisterschaft**
favourite	**Favorit**
(to) challenge[4]	**herausfordern**
(to) referee a game	**ein Spiel leiten**
Tom referees games every Sunday.	*Tom leitet jeden Sonntag Spiele als Schiedsrichter.*
referee	**Schiedsrichter(in)**
(to) win[5]	**gewinnen**
(to) lose[6]	**verlieren**
(to) draw[7]	**unentschieden spielen**
(to) foul[8]	**foulen**
foul	**Foul**
(to) send off[9]	**vom Platz stellen**
Two players were sent off.	*Zwei Spieler wurden vom Platz gestellt.*
penalty area[10]	**Strafraum**
offside	**abseits**
extra time	**Verlängerung**
defence[11]	**Abwehr**
goalkeeper[12]	**Torwart**
race	**Wettrennen**
record	**Rekord**

[1] Pl. men, women

[2] away game/match – *Auswärtsspiel*

❐AmE: coach

[3] Nn. champion; cup – *Pokal*

[4] Nn. challenger – *Herausforderer/in*

[5] win, won, won

[6] lose, lost, lost

[7] draw, drew, drawn; Nn. draw

[8] free kick – *Freistoß*

[9] send, sent, sent; penalty kick – *Strafstoß*

[10] penalty shootout – *Elfmeterschießen*

[11] defender – *Abwehrspieler(in)*

[12] *auch* keeper; striker – *Stürmer(in)*

playing field	**Sportplatz**	
pitch	**Platz (im Sport), Spielfeld**	
football pitch, hockey pitch		
court	**Platz, Spielfeld**	
tennis court, squash court		
gym [1]	**Turnhalle**	[1] *auch* gymnasium; gymnastics apparatus – *Turngeräte*
track	**Renn-/Fahrbahn**	
lane	**Bahn**	
start	**Startplatz**	
finish	**Ziel**	
score	**Spielstand**	
What's the score?	*Wie steht's?*	
scoreboard	**Anzeigetafel**	
changing room [2]	**Umkleidekabine**	[2] dressing room – *Ankleidekabine*
ball	**Ball**	
ball game		
bat [3]	**Schläger**	[3] *auch* racket
cricket bat	*Cricketschläger*	
tennis/badminton racket	*Tennis-/Federballschläger*	
helmet [4]	**Helm**	[4] visor – *Visier*
pad	**Schützer**	
leg/knee/elbow/shoulder pads		
skateboard	**Skateboard**	
ice/roller skates	**Schlitt-/Rollschuhe**	
inline skates	**Inlineskates**	
diving board	**Sprungbrett**	
goal	**Tor**	
goal-line	*Torlinie*	
goalless game	*torloses Spiel*	
net	**Netz**	
corner flag	**Eckpfosten**	
boat	**Boot**	
rowing boat [5]	**Ruderboot**	[5] oar – *Ruder*
sailing boat	**Segelboot**	
yacht [jɒt]	**Jacht**	
canoe [kəˈnuː]	**Kanu**	
(to) paddle	**paddeln**	
(to) paddle a canoe	*ein Kanu paddeln*	
paddle	**Paddel**	
surfboard	**Surfbrett**	
fishing rod	**Angelrute**	

➜ 1 Körperteile

1 Put in the missing prepositions or particles.

1 Alan is interested __________ collecting coins.
2 A lot of kids like hanging __________ with their friends.
3 I think Ben spends too much time __________ chat rooms.
4 Janna is surfing the net __________ a cheap holiday.
5 My hobby is listening __________ music.
6 Sue took part __________ a fashion show last weekend.

around
for
in
in
in
to

2 Sort the sports in the box into the correct column.

athletics boxing canoeing cycle racing darts football hunting kite surfing riding snooker snowboarding target shooting volleyball wrestling

do ...	go ...	play ...
__________	__________	__________
__________	__________	__________
__________	__________	__________
__________	__________	__________
	__________	
	__________	

Zur Kontrolle:
1 1 in 2 around 3 in 4 for 5 to 6 in
2 do: athletics, boxing, target shooting, wrestling go: canoeing, hunting, cycle racing, kite surfing, riding, snowboarding play: darts, fooball, snooker, volleyball

kinds of holiday	Urlaubsarten	
holiday, holidays ❐	Ferien, Urlaub	❐AmE: vacation
holiday	freier Tag	
seaside holiday	Urlaub am Meer	
package holiday/tour	Pauschalurlaub/-reise	
camping holiday	Campingurlaub	
adventure holiday	Abenteuerurlaub	
touring holiday	Rundreise	
cycling/walking holiday	Rad-/Wanderurlaub	
cruise	Kreuzfahrt	
study holiday/trip	Studienreise	
short break	Kurzurlaub	
city trip	Städtereise	
tour[1]	Reise, Tour	[1] trip, tour, journey
journey	Reise	
voyage	Reise, Seereise, Flug	

places to stay	Unterkünfte	
bed and breakfast (B&B)	Zimmer mit Frühstück	
guest house	Pension	
hotel	Hotel	
motel	Motel	
youth hostel/hotel	Jugendherberge/-hotel	
holiday house/flat	Ferienhaus/-wohnung	
holiday camp	Feriendorf/-park	
tent	Zelt	
camping site	Campingplatz	
(to) go camping[2]	campen, zelten	[2] go, went, gone
caravan	Wohnwagen	
(to) go caravanning	Urlaub im Wohnwagen machen	
motor home/caravan	Wohnmobil	
caravan site/park	Campingplatz für Wohnwagen	

travel agency, agencies[1]	**Reisebüro**	[1] travel agent – *Reisebürokaufmann/-kauffrau*
(to) travel	**reisen**	
He usually travels/goes ***by*** *train.*	*Normalerweise fährt er mit dem Zug.*	
traveller ❐	**Reisende(r)**	❐ AmE: traveler
passenger	**Passagier(in)**	
air passenger	*Fluggast*	
tourist[2]	**Tourist(in)**	[2] Adj. touristy – *auf Tourismus getrimmt, touristisch*
tourism	**Tourismus**	
itinerary, itineraries	**Reiseplan**	
airline[3]	**Fluglinie**	[3] budget airline – *Billigflieger*
(to) check in	**einchecken**	
We checked in at 8.	*Wir haben um 8 Uhr eingecheckt.*	
(to) depart	**abreisen, starten**	
departure	**Abfahrt, Abflug**	
(to) leave[4]	**abreisen, Ort verlassen**	[4] leave, left, left
The train departs/leaves at 9:30.	*Der Zug fährt um 9 Uhr 30 ab.*	
(to) take off[5]	**(Flugzeug) starten**	[5] take, took, taken
(to) change (trains)	**umsteigen**	
(to) arrive	**ankommen**	
arrival	**Ankunft**	
(to) land	**landen**	
destination	**Reiseziel**	
Sylt is a popular destination in winter, too.	*Sylt ist auch im Winter ein beliebtes Reiseziel.*	
(to) delay	**verzögern, verschieben**	
The train was delayed ***for*** *an hour.*	*Der Zug hatte eine Stunde Verspätung.*	
delay	**Verspätung**	
(to) cancel[6]	**stornieren**	[6] Schreibweise: *cancelled*
vaccination	**Impfung**	
(to) vaccinate	**impfen**	
You can't be vaccinated against bird flu.	*Gegen Vogelgrippe gibt es keine Impfung.*	
passport	**Reisepass**	
identity card[7]	**Personalausweis**	[7] *Abkürzung:* ID
visa	**Visum**	
a valid visa	*ein gültiges Visum*	
customs	**Zollamt**	
duty	**Zoll**	
duty-free	**zollfrei**	
Have you anything to pay duty ***on****?*	*Haben Sie irgendetwas zu verzollen?*	
security check[8]	**Sicherheitskontrolle**	[8] security guard – *Wächter(in)*

➜ 81 Flugverkehr

45 At the destination — Am Reiseziel

(to) change money	**Geld umtauschen**	
I'd like to change 100 euros into dollars.	*Ich möchte 100 Euro in Dollar umtauschen.*	
bureau de change	**Wechselstube**	
exchange rate	**Wechselkurs**	
foreign currency	**ausländische Währung**	
(to) insure against	**versichern gegen**	
*We are well insured **against** theft.*	*Wir sind gegen Diebstahl gut versichert.*	
travel insurance	**Reiseversicherung**	
bag	**Tasche**	
(suit)case	**Koffer**	
luggage ❐	**Gepäck**	❐AmE: baggage
luggage trolley	**Gepäckwagen**	
information desk	**Auskunft**	
(to) stay	**wohnen, sich aufhalten**	
*We are staying **with** friends, not in a hotel.*	*Wir wohnen bei Freunden, nicht in einem Hotel.*	
guest	**Gast**	
reception [1]	**Empfang, Rezeption**	[1] Nn. receptionist – *Empfangschef/-dame*
(to) reserve	**reservieren**	
reservation	**Reservierung**	
(to) book	**buchen**	
single/double room [2]	**Einzel-/Doppelzimmer**	[2] (room with bathroom) en suite – *(Zimmer) mit Bad*
day trip	**Tagesausflug**	
excursion	**Ausflug**	
(to) visit	**besuchen**	
visitor	**Besucher(in)**	
(to) tour	**Rundreise machen**	
We are touring Ireland this year.	*Dieses Jahr machen wir eine Reise durch Irland.*	
guide	**Führer(in)**	
guidebook	**Reiseführer**	
(to) give a tip [3]	**Trinkgeld geben**	[3] Nn. tip
I only give a tip for exceptional service.	*Ich gebe Trinkgeld nur für außergewöhnlich guten Service.*	
resort	**Urlaubs-/Ferienort**	
health/seaside/winter sports resort	*Kur-/Bade-/Skiort*	
(to) go sightseeing [4]	**Besichtigungen machen**	[4] go, went, gone
The sights of Dresden are world famous.	*Dresdens Sehenswürdigkeiten sind weltbekannt.*	
camera	**Fotoapparat**	

1 Complete the sentences with the English equivalents of the German words and expressions. Be careful about plural forms.

1 We always have a ____________ in the summer.	Urlaub am Meer
2 Some people have two or three ____________ instead of one longer ____________.	Kurzurlaub Urlaub
3 ____________ are becoming more popular than ____________, particularly among younger people.	Abenteuerurlaub Pauschalurlaub
4 If you are looking for a really quiet time, a ____________ or perhaps a ____________ could be the thing for you.	Kreuzfahrt Wanderurlaub
5 German cities like Berlin and Munich are attracting a lot of tourists on ____________.	Städtereise
6 Sue went on a ____________ to Florence last year.	Studienreise

2 Complete the sentences with the missing prepositions or particles.

1 I'd like to change 500 euros ________ pounds, please.
2 Are you insured ________ loss of luggage?
3 Our plane takes ________ at 4:30 pm.
4 Unfortunately, our train was delayed ________ 20 minutes.
5 I'm going to be vaccinated ________ tropical illnesses.
6 I prefer to travel ________ car because it's more flexible.
7 Do you have anything to pay duty ________, madam?
8 The Greens never pay ________ a room.
They always stay ________ relatives.

Zur Kontrolle:
1 1 seaside holiday 2 short breaks, holiday 3 Adventure holidays, package holidays 4 cruise, walking holiday 5 city trips 6 study trip
2 1 into 2 against 3 off 4 for 5 against 6 by 7 on 8 for, with

46 Painting and sculpture — Malerei und Bildhauerei

work of art	**Kunstwerk**
artist	**Künstler(in), Maler(in)**
studio	**Atelier**
(to) paint	**malen**
painter	**Maler(in)**
painting	**Gemälde**
oil painting	*Ölgemälde*
picture	**Bild, Gemälde**
watercolour	**Aquarell**
drawing	**Zeichnung**
easel	**Staffelei**
canvas	**Leinwand**
brush	**Pinsel**
oil(s)	**Ölfarbe(n)**
subject[1]	**Motiv**
perspective	**Perspektive, Blickwinkel**
portrait	**Porträt**
landscape	**Landschaftsbild**
still life	**Stillleben**
model	**Modell**
(to) be an artist's model	*einem Maler Modell stehen*
sculptor	**Bildhauer(in)**
sculpture	**Bildhauerei**
statue	**Statue**
(to) carve (in) wood	**schnitzen**
(wood) carving	**Schnitzerei**
(to) carve (in) stone	**meißeln, hauen**
(stone) carving	**Skulptur, Relief**
mosaic [məʊ'zeɪk]	**Mosaik**
art gallery, art galleries	**Kunstgalerie**
museum	**Museum**
(to) exhibit	**ausstellen**
exhibition[2]	**Ausstellung**

[1] composition – *Komposition*

[2] exhibitor – *Aussteller(in)*

Music and theatre I | Musik und Theater I | 47

music[1]	**Musik**
musician	**Musiker(in)**
1. melody[2]	**Melodie**
2. tune[3]	
(to) compose	**(Musik) komponieren**
John Lennon composed a lot of songs.	*John Lennon komponierte viele Lieder.*
composer	**Komponist(in)**
composition	**Komposition**
(to) arrange	**(Musik) bearbeiten**
arrangement	**Bearbeitung**
(to) conduct	**dirigieren**
conductor	**Dirigent(in)**
orchestra	**Orchester**
orchestra pit	*Orchestergraben*
concert[4]	**Konzert**
live concert	*Livekonzert*
overture	**Ouvertüre**
symphony	**Sinfonie**
(to) accompany	**(musikalisch) begleiten**
pianist	**Pianist(in)**
(to) sing[5]	**singen**
singer[6]	**Sänger(in)**
song	**Lied**
voice	**Stimme**
choir[7] ['kwaɪə(r)]	**Chor**
(to) dance[8]	**tanzen**
dancer	**Tänzer(in)**
ballet	**Ballett**
ballet dancer	**Balletttänzer(in)**
opera	**Oper**
opera singer	**Opernsänger(in)**
chamber music	**Kammermusik**
piano	**Klavier, Piano**
flute	**Flöte**
violin	**Geige**
guitar	**Gitarre**
saxophon	**Saxophon**
drums[9]	**Schlagzeug**

[1] *nur* Sing.; Pl. a piece of music

[2] Adj. melodic

[3] Adj. tuneful – *melodisch*

[4] concerto – *Konzert*

[5] sing, sang, sung

[6] singing – *Singen*

[7] Adj. choral – *Chor...*

[8] Nn. dance/dancing – *Tanz*

[9] *auch* percussion

theatre	Theater	
programme ❐	Programm	❐AmE: program
performance[1]	Vorstellung	[1] *auch* show
premiere ['premieə(r)]	Erstaufführung, Premiere	
hit	Hit	
flop	Reinfall, Flop	
box office	Kasse	
theatre/cinema ticket	Theater-/Kinokarte	
row	Reihe	
seat	Sitz	
audience[2]	Publikum	[2] auditorium – *Zuschauerraum*
(to) applaud	Beifall klatschen	
applause	Beifall	
stage	Bühne	
stage directions	Bühnenanweisungen	
costume	Kostüm	
make-up	Maske	
scenery[3]	Bühnenbild	[3] backdrop/backcloth – *Prospekt*
wing(s)	Kulisse(n)	
props	Requisiten	
play	Theaterstück	
Act	Akt	
Scene[4]	Szene	[4] *Großschreibung!*
drama	Drama	
1. dramatist	Dramatiker(in)	
2. playwright		
comedy	Komödie	
tragedy	Tragödie	
musical	Musical	
plot[5]	Handlung	[5] *auch* action, storyline; sub-plot – *Nebenhandlung*
(to) play	spielen	
(to) star	Hauptrolle spielen	
star	Star	
(to) act	spielen	
actor, actress[6]	Schauspieler, Schauspielerin	[6] cast – *Besetzung*
character[7]	Rolle	[7] *auch* part – *Rolle;* chorus – *Chor*
hero, heroine[8]	Held(in)	[8] protagonist – *Hauptakteur(in);* antagonist – *Kontrahent(in)*
(to) produce	inszenieren	
production	Inszenierung	
producer	Produzent(in)	
(to) direct	Regie führen	
director	Regisseur(in)	
(to) prompt	soufflieren	
prompter	Souffleur/Souffleuse	

English	Deutsch
language	**Sprache**
1. mother tongue	**Muttersprache**
2. native language	
accent	**Akzent**
dialect[1]	**Dialekt**
(to) pronounce	**aussprechen**
pronunciation[2]	**Aussprache**
1. sentence[3]	**Satz**
2. clause	
main clause	*Hauptsatz*
subordinate clause	*Nebensatz*
word	**Wort**
expression	**Ausdruck**
idiom	**Redewendung**
idiomatic expression	*idiomatischer Ausdruck*
(to) translate	**übersetzen**
translator	**Übersetzer(in)**
translation	**Übersetzung**
(to) interpret	**interpretieren, deuten**
interpreter	**Interpret(in), Dolmetscher(in)**
interpretation	**Interpretation, Deutung**
subject[4]	**Thema**
structure	**Struktur**
proverb[5]	**Sprichwort**
literature	**Literatur**
literary	**literarisch**
writer	**Schriftsteller(in)**
author	**Autor(in)**
editor	**Redakteur(in)**
autobiography[6]	**Autobiografie**
biography	**Biografie**
fiction	**erzählende Literatur**
non-fiction[7]	**Sachliteratur**
poetry[8]	**Dichtung, Lyrik**
poet	**Dichter(in)**
poem	**Gedicht**
verse	**Vers**
rhyme [raɪm]	**Reim**
rhyme scheme	*Reimschema*
rhyming couplet	*Reimpaar*
metre	**Metrum**
stanza	**Strophe**
topic	**Thema**

[1] slang – *Slang*

[2] intonation – *Intonation, Betonung*

[3] phrase – *Phrase, Satzglied, Ausdruck*

[4] *auch* topic

[5] Adj. proverbial; saying – *Redensart, Maxime*

[6] diary – *Tagebuch*

[7] popular fiction – *Trivialliteratur*

[8] Adj. poetic – *poetisch*

stylistic device[1]	**Stilmittel**	[1] imagery – *Metaphorik*
metaphor ['metəfə(r)]	**Metapher**	
metaphorical	**metaphorisch**	
irony ['aɪrəniː]	**Ironie**	
ironical	**ironisch**	
play on words[2]	**Wortspiel**	[2] *auch* pun
prose[3]	**Prosa**	[3] Adj. prosaic – *trocken, nüchtern*
novel	**Roman**	
romantic novel	*Liebesroman*	
thriller	*Thriller*	
detective novel	*Krimi, Detektivroman*	
fantasy novel	*Fantasieroman*	
novelist	**Romanautor(in)**	
bestseller	**Bestseller**	
(to) narrate	**erzählen**	
narrator	**Erzähler(in)**	
narrative	**Erzählung**	
satire ['sætaɪə(r)]	**Satire**	
satirist[4]	**Satiriker(in)**	[4] Adj. satirical
parody	**Parodie**	
legend	**Sage**	
tale	**Erzählung**	
fairy tale	**Märchen**	
content	**Inhalt**	
point of view	**Erzählperspektive**	
atmosphere[5]	**Atmosphäre**	[5] setting – *Schauplatz*
flashback	**Rückblende**	
climax	**Höhepunkt**	
suspense[6]	**Spannung**	[6] *auch* tension
surprise ending	**unerwarteter Schluss**	
happy end	**Happyend**	

1 Sort into the correct field:

art gallery   artist   sculpture   brush   (to) carve   easel
(to) paint a picture   sculptor   perspective   mosaic

Painting: ____________________

____

Sculpture: ____________________

____

2 Find a word from the word field 'music' to fit the definitions.

1 Verb: (to) write music ____________________
2 Person: director of an orchestra ____________________
3 Person: piano player ____________________

3 Complete the sentences.

1 A funny play that makes you laugh is a c__________; one about terrible events that end sadly is a t__________.
2 The person that puts on and finances a play is its p__________. The person who tells the actors what to do is its d__________.
3 Luigi speaks German with an Italian a__________.
4 John t__________ texts about art from German into English.
5 Misunderstandings are caused by i__________ not translating what somebody has said accurately.
6 Stories that could be true but have in fact been made up by a writer are called 'f__________'.

Zur Kontrolle:

1 Painting: art gallery, artist, brush, easel, (to) paint a picture, perspective
Sculpture: art gallery, artist, sculpture, (to) carve, mosaic, sculptor
2 1 (to) compose 2 conductor 3 pianist
3 1 comedy, tragedy 2 producer, director 3 accent 4 translates 5 interpreters *oder* translators 6 'fiction'

51 Communities — Gemeinschaften

humanity[1]	**Menschheit**	[1] *auch* humankind
civilisation[2]	**Zivilisation**	[2] *auch* civilization
culture[3]	**Kultur**	[3] Adj. cultural
race	**Rasse**	
society, societies[4]	**Gesellschaft**	[4] Adj. social – *Sozial…*
class, classes	**Sozialklasse**	
people, peoples	**Volk**	
country	**Staat, Land**	
state	**Staat, Bundesland**	
nation	**Nation**	
nationality[5]	**Staatsangehörigkeit**	[5] Adj. national
community[6] *world community*	**Gemeinwesen, Gemeinde**	[6] 'global village'
union	**Union**	
united	**vereint**	
European Union	**EU, Europäische Union**	
federation	**Bündnis, Bund**	
alliance[7]	**Bündnis**	[7] Adj. federal
confederation	**Staatenbund**	
association	**Verband**	
region[8]	**Region**	[8] Adj. regional
province[9]	**Provinz**	[9] Adj. provincial
county	**Grafschaft**	
city, cities ❐	**Großstadt, Domstadt**	❐ D–E: *die City* – city centre
town	**Stadt**	
quarter	**Stadtviertel**	
borough ['bʌrə]	**Stadtbezirk mit eigener Verwaltung**	
district	**Bezirk**	
outskirts[10]	**Stadtrand, Außenbezirke einer Stadt**	[10] *nur* Plural
suburb	**Vorort**	
housing estate	**Wohnsiedlung**	
ghetto(s)	**Getto(s)**	
slum	**Elendsviertel**	
neighbourhood ❐	**Nachbarschaft**	❐ AmE: neighborhood
peace	**Frieden**	
war	**Krieg**	

Religions | Religionen 52

world religions	**Weltreligionen**
Christianity	**Christentum**
Christian	**christlich, Christ(in)**
Judaism	**Judaismus**
Jew	**Jude (Jüdin)**
Jewish	**jüdisch**
Islam	**Islam**
Islamic	**islamisch**
Muslim	**Muslim(e), muslimisch**
Buddhism[1]	**Buddhismus**
Hinduism[2]	**Hinduismus**
Roman Catholic church	**römisch-katholische Kirche**
Catholicism	**Katholizismus**
Russian/Greek Orthodox church	**Russisch-/Griechisch-Orthodoxe Kirche**
Protestant Church[3]	**evangelische Kirche**
Protestantism	**Protestantismus**
Methodist	**Methodist(in)**
Baptist	**Baptist(in)**
religion	**Religion**
religious	**religiös**
faith[4]	**Glaube**
(to) believe in	**glauben an**
belief	**Glaube**
church	**Kirche**
cathedral	**Dom**
chapel	**Kapelle**
mosque	**Moschee**
synagogue	**Synagoge**
service	**Gottesdienst**
mass	**Messe**
(to) go to church[5]	**am Gottesdienst teilnehmen**
congregation	**Kirchengemeinde**
priest	**Priester(in)**
(to) preach	**predigen**
She at least preaches in ordinary language.	*Sie predigt wenigstens in der Umgangssprache.*
(to) pray	**beten**
prayer	**Gebet**
sermon	**Predigt**
holy	**heilig**
Bible	**Bibel**
(Old/New) Testament	**(Altes/Neues) Testament**
gospel	**Evangelium**
Koran	**Koran**

Religionen (Nn.) und Religionszugehörigkeit (Adj.) werden im Englischen grundsätzlich großgeschrieben.

[1] Buddhist – *Buddhist(in)*

[2] Hindu – *Hindu*

[3] Lutheran church – *lutherische Kirche,* Anglican church – *anglikanische Kirche*

[4] fundamentalism – *Fundamentalismus*

[5] go, went, went

53 Politics and government — Politik und Regierung

constitution [1]	**Verfassung**
basic law	**Grundgesetz**
democracy [2]	**Demokratie**
republic [3]	**Republik**
monarchy	**Monarchie**
constitutional monarchy	*konstitutionelle Monarchie*
monarch	**Monarch**
queen	**Königin**
king	**König**
prince, princess	**Prinz, Prinzessin**
capitalism	**Kapitalismus**
capitalist	**kapitalistisch, Kapitalist(in)**
dictatorship [4]	**Diktatur**
dictator	**Diktator**
fascism [5]	**Faschismus**
socialism [6]	**Sozialismus**
communism [7]	**Kommunismus**
head of state	**Staatsoberhaupt**
parliament [8]	**Parlament**
president [9]	**Präsident**
(to) elect sb	**jmdn. wählen**
election	**Wahl**
(to) vote for sb	**für jmdn. stimmen**
voter	**Wähler(in)**
(to) appoint	**ernennen**
appointment	**Ernennung**
(to) govern	**regieren**
government	**Regierung**
administration	**Verwaltung**
(to) administer	**verwalten**
(to) introduce a law	**ein Gesetz einbringen**
(to) amend	**berichtigen, abändern**
amendment	**Abänderungsantrag**
(to) reform	**reformieren**
reform	**Reform**
(to) abolish	**abschaffen**
cabinet	**Kabinett**
minister [10]	**Minister(in)**
prime minister	**Premierminister(in)**
committee	**Ausschuss**
department [11]	**Abteilung**
office [12]	**Amt**
civil servant	**Beamte, Beamtin**
(to) resign	**zurücktreten**
resignation	**Rücktritt**
(to) succeed [13]	**die Nachfolge antreten**

[1] Adj. constitutional

[2] Nn. democrat, Adj. democratic

[3] Nn., Adj. republican

[4] Adj. dictatorial – *diktatorisch*

[5] Nn., Adj. fascist

[6] Nn., Adj. socialist

[7] Nn., Adj. communist

[8] Adj. parliamentary – *parlamentarisch*

[9] Adj. presidential – *Präsidenten...*

legislature – *Legislative,* Adj. legislative – *gesetzgebend*

judiciary – *Richterschaft, Judikative,* Adj. judicial – *gerichtlich, richterlich*

executive – *Exekutive,* Adj. executive – *exekutiv*

[10] ministry – *Ministerium*

[11] agency – *Agentur*

[12] official – *offiziell, amtlich*

[13] successor – *Nachfolger(in)*

1 Link a sentence part on the left with one on the right to make true statements. The correct solution makes a word from the topic 'religions'.

1	A wise man said there is only one race,	p	a confederation of independent nations.	t
2	Germany is a federal republic		administrative districts called 'boroughs'.	s
3	In German, City is 'town centre', but		and that's the human race.	p
4	It's a pity, but all societies consist of		in English it is a large town or a cathedral town.	i
5	London and New York are divided into		made up of 16 states.	r
6	The EU isn't really a union at all but		social classes, often according to birth.	e

2 Fill in the gaps with a word from box A (first gap) and one from box B.

A			B		
	branches	reform		abolish	vote
	government	resign		dictatorship	executive
	politically	voters		elections	ministries

1 In the UK, only about 30 % of ________________ take part in ________________ to the European Parliament.

2 A democratically elected ________________ obviously has more authority than a ________________.

3 Ministers are ________________ responsible for government departments called '________________'.

4 The prime minister had to ________________ because he lost an important ________________ in parliament.

5 Some doctors say we should ________________ and perhaps even ________________ the law against soft drugs.

Zur Kontrolle:

1 1 p 2 r 3 i 4 e 5 s 6 t priest

2 1 voters, elections 2 government, dictatorship 3 politically, ministries 4 resign, vote 5 reform, abolish

54 Social problems I — Soziale Probleme I

Adjektive wie *poor* (arm), die als Sammelbegriffe für Personen dienen, z.B. *the poor* (die Armen), stehen im Englischen immer im **Plural:**
***Nowadays the poor have** a terrible time.* – Heutzutage haben die Armen es fürchterlich schwer.
Möchten wir solche Wörter im **Singular** benutzen, dann müssen wir sie als Adjektiv verwenden und ein geeignetes Nomen wie *person* oder *man/woman* hinzufügen:
***A homeless man** often **sleeps** in the park in summer.* – Oft schläft im Sommer ein Obdachloser im Park.

Andere Pluralnomen dieses Typs sind:
the better-off – *die Besserverdienenden,* the disadvantaged – *die Benachteiligten,* the homeless – *die Obdachlosen,* the rich – *die Reichen,* the sick – *die Kranken,* the unemployed/out of work – *die Arbeitslosen,* the well-off – *die Wohlhabenden.*

the better-off	**die Besserverdienenden**	
the disadvantaged	**die Benachteiligten**	
the homeless	**die Obdachlosen**	
the rich	**die Reichen**	
the sick	**die Kranken**	
the unemployed/out of work	**die Arbeitslosen**	
the well-off	**die Wohlhabenden**	
poverty	**Armut**	
poverty line	*Armutsgrenze*	
subsistence level	**Existenzminimum**	
minority, minorities	**Minderheit**	
ethnic minority	*ethnische Minderheit*	
refugee	**Flüchtling**	
economic refugee	*Wirtschaftsflüchtling*	
persecution	**Verfolgung**	
abuse [1]	**Misshandlung**	[1] *auch* ill-treatment
(to) seek asylum [2]	**Asyl suchen**	[2] seek, sought, sought; Nn. asylum-seeker
immigrant	**Einwanderer, Einwanderin**	
illegal immigrant	*illegaler Einwanderer*	
emigrant	**Auswanderer, Auswanderin**	
human smuggling [3]	**Menschenhandel**	[3] *auch* trade in human beings
(to) sleep rough [4]	**im Freien schlafen**	[4] sleep, slept, slept
The homeless sleep rough in parks.	*Die Obdachlosen schlafen im Freien in Parks.*	
prostitute	**Prostituierte**	
prostitution	**Prostitution**	
drug addict [5]	**Drogenabhängige(r)**	[5] Nn. drug addiction
alcoholic [6]	**Alkoholiker(in)**	[6] Nn. alcoholism
vandalism	**Vandalismus**	

Social problems II — Soziale Probleme II — 55

prejudice ['predʒudɪs]	**Vorurteil**	
(to) be prejudiced against sb	**voreingenommen gegen jmdn. sein**	
racism ['reɪsɪzəm]	**Rassismus**	
racist	**Rassist(in)**	
housing shortage	**Wohnungsknappheit**	
(to) evict[1]	**zur Räumung einer Wohnung zwingen**	[1] eviction order – *Räumungsbefehl*
illiteracy	**Analphabetentum**	
(to) be illiterate/unable to read or write	**Analphabet sein**	
low life expectancy	**niedrige Lebenserwartung**	
low living standard	**niedriger Lebensstandard**	
quality of life	**Lebensqualität**	
poor nutrition	**schlechte Ernährung**	
fall in social status	**sozialer Abstieg**	
social isolation	**soziale Isolierung**	
starvation	**Hungern**	
(to) starve	**hungern**	
social services	**Sozialamt, soziale Fürsorge**	
social worker	**Sozialarbeiter(in)**	
social security benefit[2]	**Sozialhilfe**	[2] supplementary benefit – *zusätzliche Hilfe zum Lebensunterhalt*
charity	**wohltätige Organisation**	
dependent on charity	*bedürftig*	
job centre	**Arbeitsagentur**	
retraining scheme	**Umschulungsprogramm**	
(to) retrain	**sich umschulen**	
job-creation programme	**Arbeitsbeschaffungsmaßnahme**	
single parent[3]	**Alleinerziehende**	[3] single-parent family
unemployment benefit	**Arbeitslosenunterstützung**	
soup kitchen	**Suppenküche**	
hostel	**Wohnheim**	

1 *Find words to fit the definitions.*

1 noun: opposite of 'majority'

____

2 noun phrase: 'trade in human beings'

____

3 adjective + noun phrase: having little contact with other people

____

4 noun phrase: 'the absolute minimum needed to live'

____

5 noun: person who sells sexual services

____

6 noun: person who **goes** to live permanently in another country

____

7 noun: illness caused by alcohol abuse

____

8 adjective: unable to read

____

9 noun: government department that helps people find employment

____

10 noun: people forced to leave their own country because of persecution

____

11 noun: opposite of 'wealth'

____

12 verb: (to) force a person to leave their house or flat

____

Zur Kontrolle:

1 1 minority 2 human smuggling 3 social isolation 4 subsistence level 5 prostitute 6 emigrant 7 alcoholism 8 illiterate 9 job centre 10 refugee 11 poverty 12 (to) evict

(to) assault sb [ə'sɔːlt]	**jmdn. angreifen**	
(to) rob[1] **sb of sth**	**jmdm. etwas rauben**	[1] rob, robbed, robbed
robbery	**Raub**	
armed robbery	*bewaffneter Raub*	
robber	**Räuber(in)**	
(to) break into[2]	**einbrechen**	[2] break, broke, broken
burglar	**Einbrecher**	
(to) commit burglary	**Einbruch/Diebstahl verüben**	
pickpocket	**Taschendieb**	
(to) steal from sb[3]	**jmdn. bestehlen**	[3] steal, stole, stolen
(to) blackmail	**erpressen**	
blackmailer	**Erpresser(in)**	
(to) bribe	**bestechen**	
forgery[4]	**Fälschung**	[4] (to) commit forgery – *fälschen*
(to) hijack	**(Verkehrsmittel) entführen**	
hijacker	**Entführer(in)**	
(to) kidnap	**(Person) entführen**	
kidnapper	**Entführer(in)**	
(to) murder sb	**jmdn. ermorden**	
murder ❐	**Mord**	❐ AmE: homicide ['hɒmɪsaɪd]
murderer	**Mörder(in)**	
manslaughter	**Totschlag**	
(to) commit manslaughter	**Totschlag verüben**	
(to) shoot sb[5]	**jmdn. erschießen**	[5] shoot, shot, shot
(to) stab	**stechen**	
(to) strangle	**erdrosseln**	
(to) rape	**vergewaltigen**	
rape	**Vergewaltigung**	
rapist	**Vergewaltiger**	
rape victim	**Opfer einer Vergewaltigung**	
violence	**Gewalt**	
violent behaviour ❐	**gewalttätiges Verhalten**	❐ AmE: behavior
(to) break the law	**gegen das Gesetz verstoßen**	
(to) commit a crime	**Verbrechen verüben**	
crime	**Kriminalität, Verbrechen**	
(to) suspect sb of sth	**jmdn. einer Sache verdächtigen**	
suspect	**Verdächtige(r)**	
offence[6]	**Straftat**	[6] offender, perpetrator – *Täter(in)*
crime scene	**Tatort**	
police	**Polizei**	
1. police officer[7]	**Polizist(in)**	[7] plainclothes officer – *Polizist(in) in Zivil*
2. policeman/-woman		
detective	**Kriminalbeamter/-beamtin**	
(to) arrest[8]	**verhaften**	[8] Nn. arrest – *Verhaftung*
(to) detain[9]	**vorübergehend festhalten**	[9] detention – *Festnahme*

warrant	**Haftbefehl**	
case[1]	**Fall**	[1] criminal case, murder case
(to) accuse	**beschuldigen, anklagen**	
accused, accused	**Angeklagte(r)**	
(to) charge	**anklagen**	
trial	**Gerichtsverfahren**	
court[2]	**Gericht**	[2] court proceedings – *Gerichtsverhandlungen*
judge	**Richter(in)**	
jury, juries[3] ['dʒʊəri]	**Geschworene**	
lawyer	**Rechtsanwalt (-anwältin)**	
(to) prosecute	**strafrechtlich verfolgen**	[3] juror – *Geschworene(r)*
prosecutor	**Ankläger(in)**	
(to) defend	**verteidigen**	
defence ❐	**Verteidigung**	❐ AmE: defense
evidence[4]	**Beweis**	[4] *nur* Sing.; Pl. a piece of evidence
all the evidence	*alles Beweismaterial*	
witness, witnesses	**Zeuge, Zeugin**	
victim	**Opfer**	
guilt	**Schuld**	
(to) plead (not) guilty	**sich (nicht) schuldig bekennen**	
The man pleaded not guilty.	*Der Mann bekannte sich nicht schuldig.*	
diminished responsibility	**verminderte Zurechnungsfähigkeit**	
mitigating circumstances	**mildernde Umstände**	
(to) find not guilty[5]	**freisprechen, entlassen**	[5] find, found, found
I was found not guilty.	*Ich wurde freigesprochen.*	
justice[6] ['dʒʌstɪs]	**Gerechtigkeit**	[6] ≠ injustice; miscarriage of justice – *Justizirrtum*
(to) sentence	**verurteilen**	
The judge sentenced the man to imprisonment.	*Der Richter verurteilte den Mann zu einer Haftstrafe.*	
(to) punish	**bestrafen**	
punishment	**Strafe**	
(to) fine sb	**jmdn. zu einem Bußgeld verurteilen**	
fine	**Strafgeld**	
prison ❐	**Gefängnis**	❐ *eher* AmE: jail
He was sent to prison.	*Er kam ins Gefängnis.*	
(to) execute	**hinrichten**	
execution	**Hinrichtung**	
(to) appeal	**Berufung/Einspruch einlegen**	
We have appealed against the sentence.	*Gegen das Urteil haben wir Berufung eingelegt.*	
law[7]	**Gesetz, Recht**	[7] Adj. legal, ≠ illegal
(to) sue [su:]	**verklagen**	

1 Complete the sentences.

1 Burglars are ______________________ that break into buildings to rob people.

2 The name of the German TV series Tatort is ______________________ in English.

3 In democracies, people who are ______________________ of committing a crime are ______________________ by a lawyer of their own choice.

4 Two boys were ______________________ by the police for a few hours but then they were released.

5 The accused pleaded not ______________________ but all the ______________________ was against him.

6 The judge didn't send the woman to prison because of ________________ ______________________.

Zur Kontrolle:

1 1 thieves *oder* criminals 2 crime scene 3 accused, defended 4 detained 5 not guilty, evidence 6 mitigating circumstances

58 The globe — Der Erdball

earth	Erde
globe	Erdball
universe	All, Universum
space	Weltall
world	Welt
north [1]	Nord
south [2]	Süd
east [3]	Ost
west [4]	West
equator [5]	Äquator
hemisphere	Halbkugel, Hemisphäre
the Arctic	Arktis
the north pole	Nordpol
territory [6]	Gebiet
time zone	Zeitzone
tropics [7]	Tropen
continent [8]	Erdteil
sub-continent	Subkontinent
Africa [9]	Afrika
North America [10]	Nordamerika
South/Latin America [11]	Süd-/Lateinamerika
the Antarctic	Antarktis
the south pole	Südpol
Asia [12]	Asien
Australia [13]	Australien
Europe [14]	Europa

[1] northern
[2] southern
[3] eastern
[4] western
[5] equatorial
[6] territorial
[7] tropical
[8] continental
[9] Nn., Adj. African
[10] Nn., Adj. (North) American
[11] Nn., Adj. South/ Latin American
[12] Nn., Adj. Asian
[13] Nn., Adj. Australian
[14] Nn., Adj. European

metre ❐	Meter
centimetre	Zentimeter
kilometre	Kilometer
kilo(gramm) [15] ❐	Kilo(gramm)

❐ AmE: meter

[15] Pl. kilos
❐ AmE: kilogram

➜ 60, 61 Länder
➜ 81 Flugverkehr

seashore	**Meeresküste**	
cliff	**Kliff, Felswand**	
cave	**Höhle**	
canyon	**Cañon**	
country	**Land**	
in the country	*auf dem Land*	
1. countryside	**Landschaft**	
2. scenery		
desert ❐ ['dezət]	**Wüste**	❐ E–D: dessert [dɪ'zɜːt] – *Nachspeise*
farmland	**Ackerland**	
forest	**Forst, Waldgebiet**	
rain forest	**Regenwald**	
jungle	**Dschungel**	
wood(s) [2]	**Wald**	[2] wooded area – *bewaldetes Gebiet*
heath	**Heide**	
moor(land)	**Moor, Sumpf**	
high moor	**Hochmoor**	
marsh [3]	**Sumpf**	[3] marshland – *Sumpfgebiet*
biotope	**Biotop**	
hill [4]	**Hügel**	[4] Adj. hilly – *hügelig*
mountain [5]	**Berg**	[5] mountain range – *Bergkette,* Adj. mountainous – *gebirgig*
1. peak	**Gipfel**	
2. summit		
high-/lowland [6]	**Hoch-/Tiefland**	[6] the Highlands/Lowlands of Scotland
nature reserve	**Naturreservat**	
national park	**Nationalpark**	
plain	**Ebene**	
coastal plain	*Küstenebene*	
plateau	**Hochebene**	
prairie	**Grasland, Prärie**	
rural area	**ländliches Gebiet**	
urban area [7]	**städtisches Gebiet**	[7] built-up area – *bebautes Gebiet*
valley	**Tal**	
river valley	*Flusstal*	
wilderness	**Wildnis**	
nature	**Natur**	

EUROPE	EUROPA	
Name of the country	**Ländername**	
Austria	**Österreich**	
Belgium ['beldʒəm]	**Belgien**	
Britain [1]	**Großbritannien**	[1] Im modernen Gebrauch wird **Britain** (oder **Great Britain**) oft **the United Kingdom** (vereinigtes Königreich) oder einfach **UK** genannt. Zu Großbritannien muss man auch Nordirland rechnen: **Northern Ireland.**
England	**England**	
Scotland	**Schottland**	
Wales	**Wales**	
Bulgaria	**Bulgarien**	
Croatia	**Kroatien**	
Cyprus ['saɪprəs]	**Zypern**	
Czech Republic	**Tschechien**	
Denmark	**Dänemark**	
Estonia	**Estland**	
Finland	**Finnland**	
France	**Frankreich**	
Germany	**Deutschland**	
Greece	**Griechenland**	
Hungary	**Ungarn**	
Ireland (Eire)	**Irland**	
Iceland	**Island**	
Italy	**Italien**	
Latvia	**Lettland**	
Lithuania	**Litauen**	
Luxemburg	**Luxemburg**	
Malta	**Malta**	
The Netherlands [2]	**Niederlande**	[2] Sing. *mit s-Endung; auch* **Holland**
Norway	**Norwegen**	
Poland	**Polen**	
Portugal	**Portugal**	
Romania	**Rumänien**	
Russia	**Russland**	
Slovak Republic	**Slowakei**	
Slovenia	**Slowenien**	
Spain	**Spanien**	
Sweden	**Schweden**	
Switzerland [3]	**die Schweiz**	[3] *ohne Artikel*
Turkey [4]	**die Türkei**	[4] *ohne Artikel; Land z. T. in Vorderasien*
Ukraine [juː'kreɪn] [5]	**die Ukraine**	[5] *ohne Artikel*

Adjektiv	Person (wenn die Bezeichnung der Einwohner nicht mit dem Adjektiv identisch ist!)	Amtssprache(n)
Austrian		German
Belgian		Dutch, French
British	**a Briton**	English
Bulgarian		Bulgarian, Turkish
Croatian		Croatian
English	**an Englishman, Englishwoman**	English
Scottish	**a Scot**	English, Scots Gaelic
Welsh	**a Welshman, Welshwoman**	English, Welsh
Cypriot		Greek, Turkish
Czech		Czech
Danish	**a Dane**	Danish
Estonian		Estonian
Finnish	**a Finn**	Finnish, Swedish
French	**a Frenchman, Frenchwoman**	French
German		German
Greek		Greek
Hungarian		Hungarian
Irish	**an Irishman, Irishwoman**	Irish Gaelic, English
Icelandic	**an Icelander**	Icelandic
Italian		
Latvian		Latvian
Lithuanian		Lithuanian
Luxemburg	**a Luxemburger**	French, German, Letzeburgesh
Maltese		Maltese, English
Dutch	**a Dutchman, Dutchwoman**	Dutch
Norwegian		Norwegian
Polish	**a Pole**	Polish
Portuguese		Portuguese
Romanian		Romanian
Russian		Russian
Slovakian		Slovak
Slovenian		Slovenian
Spanish	**a Spaniard**	Spanish
Swedish	**a Swede**	Swedish
Swiss		German, French, Italian, Romansh
Turkish	**a Turk**	Turkish
Ukrainian		Ukrainian

English-speaking	englischsprachig	Amtssprache(n)
Australia	Australien	
Australian	australisch, Australier	English
Canada	Kanada	
Canadian	kanadisch, Kanadier	English, French
Egypt	Ägypten	
Egyptian	ägyptisch, Ägypter	English
Ghana	Ghana	
Ghanaian	ghanaisch, Ghanaer	English
India	Indien	
Indian	indisch, Inder	Hindi, English
New Zealand	Neuseeland	
New Zealand	neuseeländisch	English
a New Zealander	ein Neuseeländer	
Nigeria	Nigeria	
Nigerian	nigerianisch, Nigerianer	English
South Africa	Südafrika	
South African	südafrikanisch, Südafrikaner	English, Afrikaans, Zulu, Xhosa
Unites States of America (USA)	Vereinigte Staaten von Amerika (USA)	
American	amerikanisch, Amerikaner	English, Spanish
other countries	**andere Länder**	
China	China	
Chinese	chinesisch, Chinese	Chinese
Iran	Iran	
Iranian	iranisch, Iraner	Farsi (Persian)
Iraq	Irak	
Iraqi	irakisch, Iraki	Arabic
Israel	Israel	
Israeli	israelisch, Israeli	Hebrew
Japan	Japan	
Japanese	japanisch, Japaner	Japanese
South Korea	Südkorea	
(South) Korean	südkoreanisch, Südkoreaner	Korean
Mexico	Mexiko	
Mexican	mexikanisch, Mexikaner	Spanish
Pakistan	Pakistan	
Pakistani	pakistanisch, Pakistani	Urdu

1 *Label the countries.*

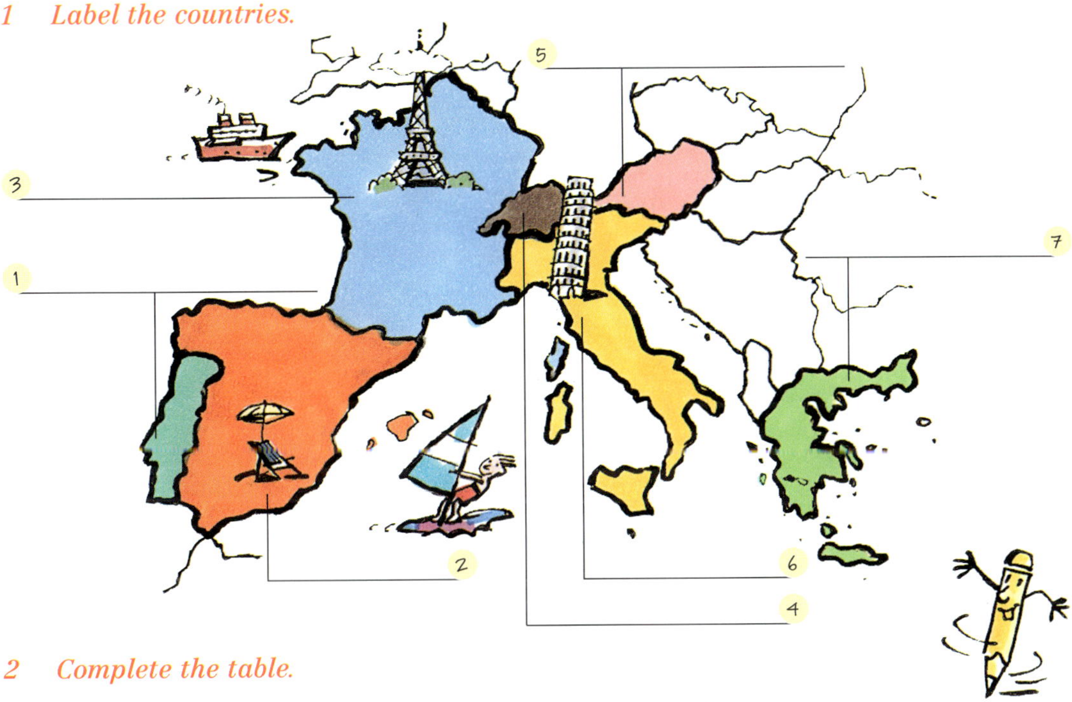

2 *Complete the table.*

Country	Nationality	Person
Switzerland		a Swiss
Turkey	Turkish	a
China	Chinese	a
	Dutch	a Dutchman, a Dutchwoman
Spain	Spanish	a
Poland		a Pole
	Greek	a Greek
Ireland	Irish	
Sweden	Swedish	

Zur Kontrolle:

1 1 Portugal 2 Spain 3 France 4 Switzerland 5 Austria 6 Italy 7 Greece

2 Swiss Turk Chinese The Netherlands *oder* Holland Spaniard Polish Greece an Irishman, an Irishwoman a Swede

62 Oceans and rivers — Ozeane und Flüsse

sea	**Meer, die See**	
ocean	**Ozean**	
wave	**Welle**	
current	**Strömung**	
tide(s)	**Gezeiten**	
high tide	*Flut*	
low tide	*Ebbe*	
strait[1]	**Meerenge**	[1] *meist* Pl. straits
coast (line)	**Küste**	
shore	**Strand, Ufer**	
sandbank[2]	**Sandbank**	[2] mudflats – *Watt;* tidal shallows – *Wattenmeer;* salt marshes – *Salzwiesengebiet/-sumpf*
bay	**Bucht**	
beach	**Strand**	
peninsula	**Halbinsel**	
island	**Insel**	
gulf	**Golf**	
channel	**Fahrrinne, Kanal**	
the English Channel	*Ärmelkanal*	
seabird	**Seevogel**	
iceberg	**Eisberg**	
harbour/port ❐	**Hafen**	❐AmE: harbor
dock	**Dock**	
river[3]	**Fluss**	[3] bank – *Flussufer;* riverside – *Flussufer*
stream	**Bach**	
(to) flow	**fließen, strömen**	
(to) flow into	**münden**	
The Rhine flows into the North Sea.	*Der Rhein fließt in die Nordsee.*	
source	**Quelle**	
(to) rise[4]	**entspringen**	[4] rise, rose, risen
The Rhine rises in Switzerland.	*Der Rhein entspringt in der Schweiz.*	
estuary[5]	**Mündung**	[5] delta – *Delta*
(to) flood	**überfluten**	
flood(s)	**Überschwemmung(en)**	
(to) burst its banks[6]	**über die Ufer treten**	[6] burst, burst, burst
The Elbe burst its banks and flooded the land.	*Die Elbe trat über die Ufer und überflutete das Land.*	
mooring	**Anlegestelle**	
boathouse[7]	**Bootshaus**	[7] landing stage – *Steg*
canal [kə'næl]	**Kanal**	
towpath	**Leinpfad, Treidelweg**	
lock	**Schleuse**	[8] fishpond – *Fischteich*
dam (wall)	**Staumauer**	
lake	**der See**	
pond[8]	**Teich**	

➜ 78 Verkehrsmittel
➜ 80 Schiffsverkehr

climate	**Klima**	
weather	**Wetter**	
weather forecast	**Wettervorhersage**	
outlook ❐	**Aussicht (1. in die Gegend, 2. in die Zukunft)**	❐ D – E: *eine schöne Aussicht* – a nice view *(geografisch)*
high/low pressure	**Hoch-/Tiefdruck**	
an area of high/low pressure		
temperature [1]	**Temperatur**	[1] thermometer – *Thermometer*
hot	**heiß**	
heat	**Hitze**	
warm	**warm**	
warmth	**Wärme**	
cold	**kalt**	
cold	**Kälte**	
cool [2]	**kühl**	[2] chilly – *sehr frisch*
coolness	**Kühle**	
humid [3] ['hjuːmɪd]	**feucht**	[3] close, muggy – *schwül*
humidity	**Luftfeuchtigkeit**	
dry	**trocken**	
wet	**nass**	
fine [4]	**schön**	[4] cloudless – *wolkenlos*
sunshine	**Sonnenschein**	
sunny	**sonnig**	
cloudy [5]	**wolkig**	[5] layer of cloud – *Wolkendecke*
cloud	**Wolke**	
windy [6]	**windig**	[6] gusty – *böig*
wind	**Wind**	
still [7]	**windstill, bewegungslos, still**	[7] windless – *windstill*

64 Weather and climate II — Wetter und Klima II

hard[1]	**heftig, streng**	[1] ≠ light (rain, snowfall)
It's raining too hard to go for a walk.	*Es regnet zu heftig, um spazieren zu gehen.*	
The winter can be unbelievably hard in Russia.	*In Russland kann der Winter unglaublich streng sein.*	
(to) rain[2]	**regnen**	[2] raindrop – *Regentropfen*
rain	**Regen**	
(to) drizzle	**nieseln**	
drizzle	**Sprühregen**	
shower[3]	**Schauer**	[3] 'sunshine and showers'
puddle	**Pfütze**	
(to) snow	**schneien**	
snow	**Schnee**	
snowflake	**Schneeflocke**	
snow plough	**Schneepflug**	
(to) put on snow chains[4]	**Schneeketten anlegen**	[4] put, put, put
We put on snow chains in Bavaria.	*In Bayern legten wir Schneeketten an.*	
sleet[5]	**Schneeregen**	[5] snow drift – *Schneeverwehung*
blizzard	**Schneesturm**	
(to) hail	**hageln**	
hail[6]	**Hagel**	[6] hailstone – *Hagelkorn*
(to) damage	**beschädigen**	
damage	**Schaden**	
(to) freeze[7]	**frieren**	[7] freeze, froze, frozen
frost	**Frost, Reif**	
ice[8]	**Eis**	[8] slippery – *glitschig*
black ice	*Glatteis*	
fog[9]	**Nebel**	[9] Adj. foggy; misty – *dunstig*
storm	**Sturm**	
thunderstorm	**Gewitter**	
thunder	**Donner**	
lightning	**Blitz**	

Ecology — Ökologie — 65

ecology[1]	**Ökologie**
environment[2]	**Umwelt**
environmentally friendly	**umweltfreundlich**
(to) conserve[3]	**erhalten**
conservation	**Erhaltung**
energy[4]	**Energie**
natural resources	**natürliche Ressourcen, Naturschätze**
(to) destroy	**zerstören**
destruction	**Zerstörung**
destruction of the rainforests	*Zerstörung der Regenwälder*
(to) endanger	**gefährden**
endangered species	**vom Aussterben bedrohte Arten**
pesticide	**Schädlingsbekämpfungsmittel, Pestizid**
pest	**Schädling**
climate change	**Klimawechsel**
global warming	**globaler Temperaturanstieg**
greenhouse effect	**Treibhauseffekt**
ozone layer	**Ozonschicht**
(to) recycle	**wiederverwerten**
recycling	**Wiederverwertung**
recycling container	
bottle bank	**Altglascontainer**
returnable bottle	**Pfandflasche**
deforestation	**Entwaldung, Abholzung**

[1] Adj. ecological – *ökologisch*

[2] Nn. environmentalist – *Umweltschützer(in);* Adj. environmental – *Umwelt...*

[3] conservationist – *Naturschützer(in)*

[4] energy conservation – *sparsamer Umgang mit Energie*

66 Energy — Energie

English	Deutsch	
sources of energy	**Energiequellen**	
fossil fuel	fossiler Brennstoff	
coal	Kohle	
oil	Öl	
petrol ❒	Benzin	❒AmE: gas
unleaded petrol	bleifreies Benzin	
diesel	Diesel	
natural gas	Erdgas	
wood	Holz	
straw	Stroh	
waste	Abfall	
renewable energy	**erneuerbare Energie**	
geothermal energy	geothermische Energie	
solar energy	Sonnenenergie	
tidal energy	Gezeitenkraft	
wave energy	Wellenkraft	
wind energy	Windenergie/-kraft	
pollution	**Verschmutzung**	
air pollution	Luftverschmutzung	
ground/land pollution	Bodenverschmutzung	
water pollution	Wasserverschmutzung	
noise pollution	Lärmbelästigung	
chemical pollution	chemische Verunreinigung	
acid rain	saurer Regen	
toxic emissions	Schadstoffemissionen	
overfertilization	Überdüngung	

1 Cross out the wrong or less suitable word.

1 Be careful in this river. There are dangerous **currents / waves.**

2 You can walk across the **straits / stream** at low tide.

3 Boats must keep to the **canal / channel.**

4 **An island / A peninsula** is completely surrounded by water.

5 A rivers **flows / goes** from its source to the sea.

6 A **lake / pond** is smaller than a **lake / pond.**

2 Find the opposites.

1 warm weather ≠ ________________ weather

2 a wet period ≠ a ________________ period

3 windy weather ≠ ________________ weather

4 high temperatures ≠ ________________ temperatures

5 a cloudy day ≠ ________________ day

6 light snowfall ≠ ________________ snowfall

3 Complete the sentences with suitable verbs. Be careful to use the correct form.

1 Drive carefully. It ________________ last night so there's black ice.

2 It didn't rain hard. It just ________________ a bit, that's all.

3 If it ________________ any harder, we'll have to stop and wait for a snow plough.

4 It was dreadful. It ________________ stones the size of golf balls.

5 If we don't ________________ our natural resources, we'll have terrible problems.

6 Literally thousands of animals and plants ____________________________ by pollution.

conserve drizzle be endangered freeze hail snow

Zur Kontrolle:

1 Correct: 1 currents 2 straits 3 channel 4 An island 5 flows 6 pond, lake

2 1 cool 2 dry 3 still 4 low 5 a fine 6 hard *oder* heavy

3 1 froze 2 drizzled 3 snows 4 hailed 5 conserve 6 are endangered

some insects	einige Insekten
ant	Ameise
bee	Biene
beetle	Käfer
butterfly, butterflies	Schmetterling
fly, flies	Fliege
flea	Floh
moth	Motte
spider	Spinne
(to) spin (web)[1]	(Netz) spinnen
tick	Zecke
wasp	Wespe
(to) sting[2]	stechen
worm	Wurm
snail	Schnecke

[1] spin, spun, spun

[2] sting, stung, stung

some reptiles and amphibians	einige Reptilien und Amphibien
alligator	Alligator
crocodile	Krokodil
frog	Frosch
toad	Kröte
snake	Schlange
tortoise ['tɔːtəs]	Schildkröte
turtle	Meeresschildkröte

some birds	einige Vögel
blackbird	Amsel
eagle	Adler
magpie	Elster
moorhen	Teichhuhn
nightingale	Nachtigall
owl	Eule
pigeon ['pɪdʒɪn]	Taube
penguin ['peŋgwɪn]	Pinguin
robin	Rotkehlchen
seagull	Möwe
stork	Storch
swan	Schwan
thrush, thrushes	Drossel
tit	Meise
wild goose, geese	Wildgans
woodpecker	Specht
yellowhammer	Goldammer

mammal	**Säugetier**	
lion[1]	**Löwe**	[1] *weiblich* lioness
tiger[2]	**Tiger**	[2] *weiblich* tigress
(to) roar[3]	**brüllen**	[3] (to) bark – *bellen*
leopard ['lepəd]	**Leopard**	
elephant[4]	**Elefant**	[4] African/Indian elephant
giraffe	**Giraffe**	
rhino(ceros)[5]	**Nashorn**	[5] *üblich:* rhino(s)
hippo(potamus)[6]	**Flusspferd**	[6] *üblich:* hippo(s)
monkey	**Affe**	
chimp(anzee)[7]	**Schimpanse**	[7] *üblich:* chimp(s)
gorilla	**Gorilla**	
zebra	**Zebra**	
kangaroo	**Känguru**	
camel	**Kamel**	
llama[8] ['la:mə]	**Lama**	[8] *Schreibweise!*
bear	**Bär**	
brown/black bear		
polar bear		
koala (bear)		
buffalo[9]	**Büffel**	[9] Pl. buffalo *oder* buffaloes
deer, deer	**Reh**	
stag	**Hirsch**	
elk[10]	**Elch**	[10] Pl. elk *oder* elks
wolf, wolves	**Wolf**	
fox, foxes	**Fuchs**	
rabbit	**Kaninchen**	
hare	**Hase**	
squirrel	**Eichhörnchen**	
hedgehog	**Igel**	
mole	**Maulwurf**	
mouse, mice[11]	**Maus**	[11] *aber* computer mouses
rat	**Ratte**	
seal	**Robbe**	
whale	**Wal**	
dolphin	**Delfin**	

pet	**Haustier**
budgie	**Wellensittich**
canary, canaries	**Kanarienvogel/-vögel**
parrot	**Papagei**
goldfish, goldfish	**Goldfisch/-fische**
cat	**Katze**
kitten	**junge Katze**
dog	**Hund**
puppy, puppies	**Welpe(n)**
hamster	**Hamster**
guinea pig ['gɪni pɪg]	**Meerschweinchen**
farm animal	**Nutztier**
cattle[1]	**Rind(vieh)**
cow	**Kuh**
calf, calves	**Kalb**
bull[2]	**Bulle**
pig	**Schwein**
poultry ['pəʊltri]	**Federvieh, Geflügel**
1. chicken	**Huhn**
2. hen	
cock	**Hahn**
duck	**Ente**
goose, geese	**Gans**
turkey	**Truthahn**
horse	**Pferd**
pony, ponies	**Pony**
donkey	**Esel**
sheep, sheep	**Schaf**
lamb	**Lamm**
goat	**Ziege**
agriculture	**Landwirtschaft**

[1] *Plural*

[2] bullock – *Ochse*

flower	Blume	
(to) pick	**pflücken**	
bluebell	**Glockenblume**	
buttercup	**Butterblume**	
cactus	**Kaktus**	
cornflower	**Kornblume**	
daisy, daisies	**Gänseblümchen**	
dandelion ['dændɪlaɪən]	**Löwenzahn**	
poppy, poppies	**Mohn**	
carnation	**Nelke**	
daffodil	**Osterglocke**	
foxglove	**Fingerhut**	
lily, lilies	**Lilie**	
rose	**Rose**	
orchid	**Orchidee**	
snowdrop	**Schneeglöckchen**	
tulip	**Tulpe**	

tree	Baum	
ash, ashes	**Esche**	
beech, beech trees	**Buche**	
birch, birch trees	**Birke**	
chestnut	**Kastanie**	
elm	**Ulme**	
fir	**Tanne**	
hazel	**Haselnussbaum**	
holly	**Stechpalme, Ilex**	
lime ❐	**Linde**	❐AmE: linden
maple	**Ahorn**	
oak	**Eiche**	
palm(tree)	**Palme**	
pine	**Fichte**	
poplar	**Pappel**	
willow	**Weide**	

71 Plants — Pflanzen

plant[1]	**Pflanze**
cultivated crop	**Nutzpflanze**
bush, bushes	**Busch**
shrub	**Strauch**
evergreen	**immergrün**
flower	**Blume**
bulb	**Blumenzwiebel**
bud	**Knospe**
bloom[2]	**Blüte**
leaf, leaves	**Blatt**
stem	**Stamm**
root	**Wurzel**
tree	**Baum**
conifer[3]	**Nadelbaum**
broad-leaved tree	**Laubbaum**
trunk[4]	**Stamm**
branch	**Ast**
twig	**Zweig**
mistletoe ['mɪsltəʊ]	**Mistel**
fern	**Farnkraut**
vine	**Weinrebe**
ivy	**Efeu**
grass	**Gras**
clover[5]	**Klee**
weed	**Unkraut**
corn	**Getreide**
wheat	**Weizen**
barley	**Gerste**
oats[6]	**Hafer**
rye	**Roggen**
maize[7]	**Mais**
rice	**Reis**
sugarbeet	**Zuckerrübe**
stick	**Stock**

[1] flora – *Flora*

[2] *(Baumblüte)* blossom

[3] Adj: coniferous – *Nadel...*

[4] bark – *Rinde*

[5] shamrock – *Kleeblatt, Nationalsymbol Irlands*

[6] *üblicherweise Plural*

[7] *auch:* sweetcorn

1 Label the animals.

2 Link an animal with a typical activity. Give the number of the animal.

bark to warn us	learn and say words
carry goods	make honey
spin a web	make wool
give us pork	produce milk
lay eggs for breakfast	roar

3 Which word does not fit?

1 barley, clover, rye, wheat __________

2 corn, flower, grass, weed __________

3 bark, bloom, blossom, twig __________

4 branch, leaf, trunk, twig __________

Zur Kontrolle:

1 1 frog 2 hedgehog 3 lion 4 snake 5 snail 6 bee 7 dog 8 spider 9 hen 10 cow 11 donkey 12 pig 13 sheep 14 parrot

2 7 11 8 12 9 14 6 13 10 3

3 Not: 1 clover 2 weed 3 bloom 4 leaf

mass media	**Massenmedien**
journalism	**Journalismus**
journalist	**Journalist(in)**
reporter	**Reporter**
correspondent	**Korrespondent**
foreign correspondent	*Auslandskorrespondent(in)*
spokesperson[1]	**Sprecher(in)**
the press	**die Presse**
print media	**Druckmedien**
(news)paper[2]	**Zeitung**
tabloid	**Boulevardzeitung**
broadsheet	**seriöse Zeitung**
magazine[3]	**Zeitschrift**
copy, copies	**Exemplar**
section	**Abschnitt, Rubrik**
(to) subscribe to[4]	**abonnieren**
subscription	**Abonnement**
(to) edit	**herausgeben (Zeitung)**
editor	**Redakteur(in)**
edition	**Ausgabe**
front page	**Titelseite**
headline	**Schlagzeile**
(to) report	**berichten**
report[5]	**Bericht**
(to) interview[6]	**interviewen**
interview	**Interview**
story	**Geschichte, Story**
exclusive	**Exklusivbericht**
feature	**Feature**
leader[7]	**Leitartikel**
column[8] ['kɒləm]	**Kolumne**
radio and TV (television)	**Rundfunk und Fernsehen**
electronic media	**elektronische Medien**
station	**Sender**
viewer	**Fernsehzuschauer(in)**
(to) watch TV[9]	**fernsehen**
(to) broadcast[10]	**senden, übertragen**
broadcast	**Sendung**
(to) produce[11]	**produzieren**
production	**Produktion**
(to) record	**aufnehmen**
recording	**Aufnahme**
(to) announce[12]	**ansagen**
(to) present	**moderieren**
presenter	**Moderator(in)**

[1] spokesman/-woman

[2] *üblich:* paper; daily/ Sunday paper

[3] weekly/monthly/ quarterly magazine

[4] Nn. subscriber

[5] reporter

[6] interviewer

[7] leader writer – *Leitartikelschreiber(in)*

[8] columnist – *Kolumnist(in)*

[9] Vb. *üblich*

[10] broadcast, broadcast, broadcast

[11] producer – *Produzent(in)*

[12] Nn. announcement – *Ansage,* announcer – *Ansager(in)*

(to) comment[1]	**kommentieren**
commentator	**Kommentator(in)**
channel[2]	**Kanal**
programme ❐	**Sendung**
news[3]	**Nachrichten**
Here is the latest news.	*Hier sind die neuesten Nachrichten.*
newsreader	**Nachrichtensprecher(in)**
chat show host	**Talk Show-Moderator(in)**
documentary (film)[4]	**Dokumentarfilm**
soap (opera)[5]	**Seifenoper**
series, series[6]	**Serie**
quiz show	**Quizsendung**

source of information	**Informationsquelle**
(to) inquire	**nachfragen**
inquiry	**Anfrage**
information desk	**Informationsschalter**
(to) look up	**nachschlagen**
(to) search	**suchen**
search engine	**Suchmaschine**
(to) browse	**blättern, (im Internet) suchen**
She was browsing through the paper.	*Sie blätterte die Zeitung durch.*
library	**Bücherei**
librarian	**Bibliothekar(in)**
data bank	**Datenbank**
archive[7]	**Archiv**
internet[8]	**Internet**
encyclopedia	**Lexikon**
reference book	**Nachschlagewerk**
glossary	**Glossar**
index	**Stichwortverzeichnis**
alphabetical index	
directory[9]	**Auskunftsverzeichnis**
handbook	**Handbuch**
user's manual	*Benutzerhandbuch*
dictionary[10]	**Wörterbuch**
atlas	**Atlas**
road map	**Straßenkarte, Landkarte**
street plan	**Stadtplan**
timetable[11]	**Fahrplan, Stundenplan**

[1] Nn. comment

[2] network – *Sendernetz*

❐ AmE: program

[3] Sing., Pl. *mit* a news item, a piece of news

[4] *üblich:* documentary/-ies

[5] *üblich:* soap(s)

[6] episode – *Episode*

[7] newspaper archive

[8] *auch* Internet, net, web

[9] phone/business/ street directory

[10] thesaurus – *Thesaurus, Wörterbuch*

[11] bus/railway timetable

post ❐	**Post**	❐ AmE: mail
postal	**Post...**	
postal address/district	*Postanschrift, Postbezirk*	
by post [1]	**auf dem Postweg**	[1] by return of post – *postwendend*
post office	**Postamt**	
post box ❐	**Briefkasten**	❐ AmE: mailbox
(to) address	**adressieren**	
sender	**Absender(in)**	
addressee	**Empfänger(in)**	
letter	**Brief**	
envelope [2] ['envələʊp]	**Briefumschlag**	[2] stamped addressed envelope (SAE) – *frankierter Rückumschlag*
postcard	**Postkarte**	
picture postcard	*Ansichtskarte*	
printed matter	**Drucksache**	
parcel [3]	**Paket**	[3] parcel post – *Paketpost*
postcode ❐	**Postleitzahl**	❐ AmE: zip code
(to) stamp [4]	**frankieren**	[4] postage – *Porto*
stamp	**Briefmarke**	
(to) post ❐	**(Brief) einwerfen**	❐ AmE: (to) mail
postmark	**Poststempel**	
(to) redirect [5]	**nachsenden**	[5] (to) forward – *weitersenden*
airmail [6]	**Luftpost**	[6] surface mail – *gewöhnliche Post*
(to) deliver	**zustellen**	
delivery	**Zustellung**	
postman/woman	**Postzusteller(in)**	

landline phone [7]	**Festnetztelefon**	[7] cordless phone – *schnurloses Telefon*
line	**Leitung, Anschluss**	
pay phone [8]	**Münz-/Kartentelefon**	[8] phonecard – *Telefonkarte*
phone box ❐	**Telefonhäuschen**	❐ AmE: phone booth
phone call	**Anruf**	
receiver	**Hörer**	
phone number	**Telefonnummer**	
phone book	**Telefonbuch**	
directory enquiries ❐	**Auskunft**	❐ AmE: directory assistance
(to) dial ❐	**wählen**	❐ *Schreibweise:* dialled, AmE: dialed
(to) ring [9]	**klingeln**	[9] ring, rang, rung
(to) answer (phone)	**abnehmen, sich melden**	
(to) leave a message	**eine Nachricht hinterlassen**	
(to) hang up [10]	**auflegen**	[10] hang, hung, hung
(to) be engaged ❐	**besetzt sein**	❐ AmE: busy
answering machine	**Anrufbeantworter**	
fax	**Fax**	
mobile phone	**Handy**	
(to) text sb [11]	**jmdm. eine SMS schicken**	[11] text message – *SMS-Nachricht*
connection	**Verbindung**	

1 Complete the sentences.

1 The profession of reporters, correspondents and editors is
__________________.

2 If you want a paper delivered to your home, you have to
__________________ to it.

3 A paper gives its own opinion in a regular column called a
__________________.

4 Nowadays, radio and TV are often referred to as the
'____________________________________'.

2 Where would you go to get these pieces of information?

1 how to get from Leeds to Perth by road: a __________________
2 the meaning of a German word in English: a __________________
3 how to programme your new DVD recorder: the __________________
4 the phone number of your local cinema: the __________________
5 visual information about the topography of Ghana: an __________________
6 how to get from the bus station to the town hall: a __________________

3 Fill in the gaps. Be careful with the tenses.

1 I've phoned several times but Connie's phone is always __________________.
2 Josh wasn't in so I left a __________________ with his mother.
3 I __________________ the firm at 7 o'clock to say that I was ill.
4 That horrible man just __________________ without even saying goodbye.
5 If we're not in, you can leave a message on our __________________ machine.
6 Some people don't have a __________________ at all nowadays, just a mobile phone.

Zur Kontrolle:
1 1 journalism 2 subscribe 3 leader 4 electronic media
2 1 road map 2 dictionary 3 user's manual 4 phone directory 5 atlas 6 street plan
3 1 engaged 2 message 3 rang 4 hung up 5 answering 6 landline phone

75 Computers — Rechner

computer	**Rechner**
personal computer (PC)	**PC**
laptop (computer)	**Laptop**
notebook	**Notebook**
terminal	**Terminal**
network	**Netzwerk**
workstation	**Workstation**
hard drive	**Festplatte**
external hard drive	**externe Festplatte**
drive	**Laufwerk**
operating system	**Betriebssystem**
directory	**Verzeichnis**
sub-directory	**Unterverzeichnis**
memory	**Speicher**
port	**Port**
interface	**Schnittstelle**
burner	**Brenner**
peripheral	**Peripheriegerät**
keyboard	**Tastatur**
control (Ctrl)	**Steuerung (Strg)**
toolbar	**Symbolleiste, Werkzeugleiste**
shift key	**Umschalttaste**
screen	**Monitor**
printer	**Drucker**
mouse, mouses[1]	**Maus (am PC)**
mouse button	**Maustaste**
mouse pad	**Mousepad (Unterlage für die Maus)**
storage utility	**Speichergerät**
USB device	**USB-Gerät**
stick	**Stick**
software	**Software**
program	**Programm**
path	**Pfad**

[1] *Vergleiche:* mouse, Pl. mice *(Tier)*

Computer and internet — Computer und Internet — 76

(to) install [1]	installieren
(to) boot [2]	booten, starten
(to) activate	aktivieren
(to) shut down [3]	herunterfahren
(to) access	(auf Datei) zugreifen
(to) press a key	eine Taste drücken
(to) load	laden
file [4]	Datei
(to) copy [5]	kopieren
(to) crash	zusammenbrechen
(to) delete	löschen
(to) drag and drop	ziehen und ablegen
(to) scroll (up/down)	scrollen (nach oben/unten)
(to) edit	bearbeiten
(to) compress	komprimieren
(to) unzip	aufmachen (hier: Datei)
(to) save, (to) store	speichern
(to) update [6]	aktualisieren
internet [7]	Internet
(to) go online [8]	online gehen
homepage	Homepage
password	Passwort
(to) highlight	hervorheben
(to) click on	anklicken
(to) visit a website	ein Website besuchen
(to) browse	suchen
(to) chat [9]	chatten
(to) download [10]	herunterladen
secure server	sicherer Server
virus	Virus
worm	Wurm
email [11]	E-Mail
(to) log on [12]	sich anmelden, einloggen
message	Mitteilung
attachment	Anlage
backslash [13]	umgekehrter Schrägstrich (\)
hyphen	Bindestrich (-)
dot	Punkt (.)
underscore	Unterstrich (_)
(to) encode/encrypt	verschlüsseln [14]
spam	Spam

[1] installation

[2] reboot – *neustarten*

[3] shut, shut, shut

[4] backup file/copy

[5] *Schreibweise:* copied

[6] Nn. update

[7] *auch* Internet, world wide web

[8] go, went, gone; ≠ offline

[9] *Schreibweise:* chatted

[10] ≠ (to) upload

[11] snail mail – *Briefpost*

[12] ≠ (to) log off

[13] forward slash (/) – *Schrägstrich*

[14] ≠ (to) decode – *entschlüsseln*

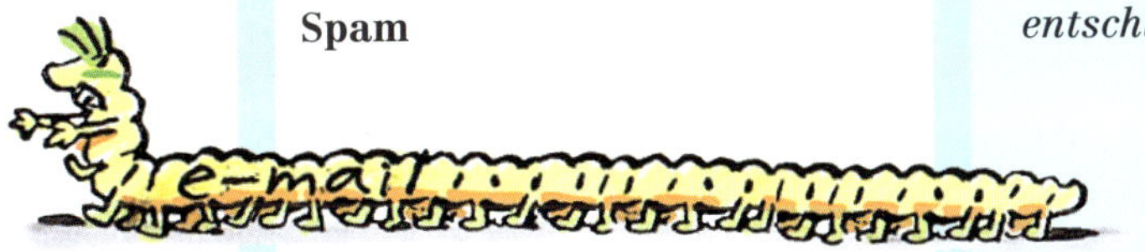

77 Advertising and sponsoring — Werbung und Sponsoring

(to) advertise[1]	**werben**	[1] Nn. advertiser – *Inserent(in)*
advertisement[2]	**Anzeige, Inserat**	[2] *auch abgekürzt* ad *oder* advert
advertising	**Werbung**	
advertising agency, agencies	**Werbeagentur**	
classified ad	**Kleinanzeige**	
pop-up ad	**Pop-up-Anzeige**	
brochure[3] ['brəʊʃə(r)]	**Broschüre, Prospekt**	[3] leaflet – *Reklamezettel*
flyer	**Handzettel**	
commercial[4] [kə'mɜːʃl]	**Werbespot (TV)**	[4] *auch* commercial break
copy	**Werbetext**	
(to) create	**schaffen**	
creative	**schöpferisch, kreativ**	
direct mail[5]	**Versand von Werbeschriften**	[5] *auch* mail shot
(to) display	**ausstellen**	
display	**Ausstellung (von Waren)**	
giveaway	**Kundengeschenk, Werbegeschenk**	
junk mail	**wertlose Post, Reklame**	
Our postbox is often full of junk mail.	*Oft ist unser Briefkasten voll mit Reklamemüll.*	
marketing	**Marketing**	
market research	**Marktforschung**	
(to) promote	**Werbung machen für**	
promotion	**Werbekampagne**	
public relations	**Öffentlichkeitsarbeit**	
(to) publicise[6]	**bekannt machen, Reklame machen**	[6] *auch* (to) publicize
publicity	**Werbung, Publicity**	
target group	**Zielgruppe**	
test market	**Probemarkt**	

1 Complete the sentences with the verb in brackets. Be careful about tenses.

1 You ______________________ (cannot install) this software without keying in a product code.

2 Yesterday I ______________________ (have to reboot) the computer to complete the installation.

3 You ______________________ (shut down) Windows over the software, not a switch.

4 I ______________________ (press) the quit button, but nothing happened.

5 I was ______________________ (be unable to buy) any diesel at the filling-station because their computer ______________________ (crash).

6 Just a moment. I ______________________ (go online) and ask if they've still got tickets.

7 Jane was fired because she ______________________ (not make) backup copies of her files.

8 That email to Carr & Co was private. ______________________ (you/encrypt) it before sending it?

9 I ______________________ (compress) the file so you ______________________ (have to unzip) it before you can edit it.

10 I ______________________ (log on) to my email provider as soon as I got to work.

2 Complete the sentences.

1 I never watch private TV because I can't stand the ______________________ breaks.

2 I think it's dreadful. Children under five are a ______________________ for mobile phone companies now.

3 It's a big risk to launch a product nationwide. Let's try it in a ______________________ ______________________ first.

Zur Kontrolle:

1 1 can't install 2 had to reboot 3 shut down 4 pressed 5 was unable to buy, had crashed 6 will go online 7 didn't make 8 Did you encrypt 9 compressed, will have to unzip 10 logged on

2 1 commercial 2 target group 3 test market

English	German	Notes
land	**Land**	
bicycle[1]	Fahrrad	[1] *auch:* bike
bus[2]	Bus	[2] minibus – *Kleinbus*
coach	Reisebus	
cab, taxi	Taxi	
car ❐	Auto	❐AmE: automobile
motorcycle[3]	Motorrad	[3] *auch:* motorbike
scooter	Motorroller	
train	Zug	
compartment[4]	Abteil	[4] non-smoker – *Nichtraucher,* smoker – *Raucher*
railway, rail ❐	Eisenbahn	❐AmE: railroad
trailer	Anhänger	
tram ❐	Straßenbahn	❐AmE: streetcar
1. truck	Lastwagen	
2. lorry		
underground (railway) ❐	U-Bahn	❐AmE: subway
van	Lieferwagen	
air	**Luft**	
1. aircraft	Flugzeug	
2. plane		
propeller plane	Propellerflugzeug	
jet	Düsenflugzeug	
helicopter	Hubschrauber	
rocket	Rakete	
spacecraft[5]	Raumfahrzeug	[5] space capsule – *Raumkapsel*
space shuttle	Raumfähre	
spaceship	Raumschiff	
water	**Wasser**	
boat	Boot	
pleasure boat	*Vergnügungsboot*	
rowing boat	*Ruderboot*	
canoe	Kanu	
ferry[6]	Fähre	[6] hovercraft – *Luftkissenfahrzeug*
ship	Schiff	
cargo ship	Frachtschiff	
oil tanker	Öltanker	
passenger ship	Passagierschiff	
sailing boat[7]	Segelboot	[7] yacht – *Jacht, Yacht*
steamer	Dampfer	

route	**Route**	
road	**Straße (Land)**	
street	**Straße (Stadt)**	
main road ❐	**Hauptverkehrsstraße**	❐AmE: highway
access road[1]	**Zubringer**	[1] *auch* feeder road
side road	**Seitenstraße**	
residential road	**Wohnstraße**	
motorway ❐	**Autobahn**	❐AmE: freeway
lane[2]	**Fahrbahn, Spur**	[2] bus lane – *Busspur*
one-way street	**Einbahnstraße**	
cul-de-sac[3]	**Sackgasse**	[3] *auch* dead end
toll bridge/road	**Mautbrücke/-straße**	
bypass	**Umgehungsstraße**	
diversion[4]	**Umleitung**	[4] detour – *Umweg*
crossroads[5]	**Kreuzung**	[5] *auch* junction
roundabout	**Kreisverkehr**	
traffic	**Verkehr**	
through traffic	**Durchgangsverkehr**	
traffic jam[6]	**Verkehrsstau**	[6] *(Autobahn)* tail-back – *Rückstau*
traffic accident	**Verkehrsunfall**	
(to) park	**parken**	
car park ❐	**Parkplatz**	❐AmE: parking lot
service area[7]	**Raststätte**	[7] *üblich:* services
(to) hitchhike	**per Anhalter fahren**	
lift[8]	**Mitfahrgelegenheit**	[8] (to) give sb a lift
(to) cycle	**radfahren**	
cyclist	**Radfahrer(in)**	
cycle track	**Radweg**	
motorcyclist[9]	**Motorradfahrer(in)**	[9] *auch* biker
(to) drive[10]	**fahren**	[10] drive, drove, driven
motorist	**Fahrer(in)**	
driving licence ❐	**Führerschein**	❐AmE: driver's license
driving school[11]	**Fahrschule**	[11] driving instructor – *Fahrlehrer(in)*
breakdown[12]	**Panne**	[12] puncture – *Reifenpanne*
garage	**1. Garage** **2. Werkstatt**	
(to) repair[13]	**reparieren**	[13] *auch* (to) fix
(to) service	**warten**	
(to) commute	**pendeln**	
commuter	**Pendler(in)**	
rush hour	**Hauptverkehrszeit**	
level crossing	**Bahnübergang**	

station[1]	**Bahnhof**
timetable ❐	**Fahrplan**
platform[2]	**Bahnsteig**
waiting room[3]	**Wartezimmer**
lost-property (office)	**Fundbüro**
ticket	**Fahrkarte**
fare	**Fahrgeld, Fahrpreis**
single/one-way ticket	**einfache Fahrkarte**
return ticket	**Rückfahrkarte**
(to) change	**zur Weiterfahrt umsteigen**
connection	**Verbindung**
(to) get on/off[4]	**ein-/aussteigen**
(to) get to[5]	**erreichen**
(to) ride[6]	**mitfahren, Motorrad/Rad fahren**

shipping	**Schiffsverkehr**
shipping line[7]	**Reederei**
voyage[8] ['vɔɪɪdʒ]	**Seereise**
port/harbour	**Hafen**
quay	**Kai**
lighthouse	**Leuchtturm**
pilot	**Lotse**
shipyard[9]	**Werft**
(to) embark	**einschiffen**
(to) go on board	**an Bord gehen**
deck[10]	**Deck**
cabin	**Kabine**
gangway	**Gangway**
(to) sail[11]	**auslaufen**
We sail tomorrow at 2 pm.	*Wir laufen morgen um 14 Uhr aus.*
(to) be seasick[12]	**seekrank sein**
(to) dock	**anlegen**
(to) anchor	**ankern**
anchor	**Anker**
(to) go ashore	**an Land gehen**
(to) go on a cruise	**eine Kreuzfahrt machen**
stowaway	**blinde(r) Passagier(in)**
crew[13]	**Besatzung**
(to) go aground	**auf Grund laufen**
(to) capsize	**kentern**
(to) be shipwrecked	**Schiffbruch erleiden**
wreck	**Wrack**
lifeboat[14]	**Rettungsboot**
life jacket[15]	**Schwimmweste** (Seefahrt)

[1] main station – *Hauptbahnhof*

❐ AmE: schedule

[2] track – *Gleis*

[3] (to) be on time – *pünktlich sein*

[4] get, got, got

[5] *auch* (to) reach

[6] ride, rode, ridden

[7] shipowner – *Reeder(in)*

[8] passage – *Überfahrt*

[9] crane – *Kran*

[10] bow – *Bug,* stern – *Heck;* port – *Backbord,* starboard – *Steuerbord*

[11] *auch: segeln;* (to) set sail – *losfahren*

[12] Nn. seasickness – *Seekrankheit*

[13] sailor – *Seemann, Matrose*

[14] liferaft – *Rettungsfloß*

[15] lifebelt – *Rettungsring*

➜ 43 Urlaub machen
➜ 44 Abfahrt, Ankunft

Air traffic — Flugverkehr — 81

airport	**Flughafen**
terminal	**Terminal**
(to) fly	**fliegen**
flight	**Flug**
airline [1]	**Fluggesellschaft**
flight schedule [2]	**Flugplan**
check-in counter	**Abfertigungsschalter**
security check	**Sicherheitskontrolle**
boarding card	**Bordkarte**
gate	**Flugsteig**
carry-on bag	**Handgepäck**
cabin	**Kabine** (im Flugzeug)
cabin crew	**Kabinenbesatzung**
aisle [3] [aɪl]	**Gang**
overhead locker	**Ablagefach im Flugzeug**
flight attendant [4]	**Flugbegleiter(in)**
seat belt	**Gurt**
oxygen ['ɒksɪdʒən] **mask**	**Sauerstoffmaske**
life jacket	**Rettungsweste**
flight deck [5]	**Cockpit**
pilot	**Pilot**
cargo [6]	**Fracht**
(to) take off [7]	**starten**
take-off	**Start (des Flugzeugs)**
(to) land	**landen**
landing	**Landung**
(to) transfer	**zum Weiterflug umsteigen**
stopover	**Zwischenlandung**
(to) cancel ['kænsl]	**ausfallen lassen**
runway	**Start-/Landebahn**

[1] budget airline – *Billigflieger*

[2] scheduled – *planmäßig*

[3] aisle seat – *Gangplatz,* window seat – *Fensterplatz*

[4] *nicht* steward/stewardess!

[5] flight engineer – *Flugingenieur*

[6] cargo hold – *Laderaum*

[7] take, took, taken

---

space [8]	**Raum, Weltraum**
star	**Stern**
planet	**Planet**
moon	**Mond**
astronaut	**Astronaut(in)**
(to) orbit	**umkreisen**
orbit	**Umlaufbahn**
satellite	**Satellit**

[8] universe – *All*

→ 43 Urlaub machen
→ 44 Abfahrt, Ankunft

1 *Find words to fit the definitions.*

1 a street you can drive down in one direction ____________

2 a road carrying a lot of traffic between larger towns ____________

3 a road that drivers have to pay to use ____________

4 the British equivalent of a German Autobahn ____________

5 a separate narrow road for cyclists ____________

6 a temporary route round roadworks ____________

2 *Link a sentence part from the left to one from the right to make true statements. If your solution is correct, the letters make a word.*

1	Budget airlines have made it possible	i	a carry-on bag with you.
2	You must be at the airport one hour before take-off	o	because of the security checks.
3	Astronauts are not necessarily pilots	a	but space travellers.
4	You have to transfer at Munich or Frankfurt	b	for many more people to fly.
5	A flight attendant showed the passengers	d	how to put on the oxygen mask.
6	On some budget airlines you can only take	g	in the aisle down the middle of the cabin.
7	A lot of us are against building airports	n	near residential areas because of the noise.
8	You are not allowed to leave anything	r	to fly from Dortmund to Linz.

The word is: 1__ 2__ 3__ 4__ 5__ 6__ 7__ 8__

Zur Kontrolle:

1 1 one-way street 2 main road 3 toll road 4 motorway 5 cycle track 6 diversion

2 1 b 2 o 3 a 4 r 5 d 6 i 7 n 8 g

Business	Geschäft	
economy	Wirtschaft, Volkswirtschaft	
economist	Wirtschaftswissenschaftler(in)	
economic[1]	ökonomisch, wirtschaftlich	[1] economical – *sparsam*
commerce	Handel	
commercial	Handels...	
industry, industries[2]	Industrie	[2] Adj. industrial
raw material	Rohstoff	
extractive industry	Rohstoffindustrie	
(to) manufacture	herstellen	
manufacturer	Hersteller	
manufacturing	Herstellung	
manufacturing industry	verarbeitendes Gewerbe	
service industry	Dienstleistungsbranche	
service provider	Dienstleister(in)	
financial services	Finanzdienstleistungen	
banking	Bankwesen	
insurance	Versicherung	
transportation	Transportwesen	
logistics	Logistik	
supply and demand	Angebot und Nachfrage	
enterprise[3]	Unternehmen	[3] entrepreneur – *Unternehmer(in)*
business[4]	Geschäft, Betrieb	[4] business expenses – *Spesen*
businessman/-woman	Geschäftsmann/-frau	
business costs	Geschäftskosten	
shareholder ❐	Aktionär(in)	❐ AmE: stockholder
wholesaler	Großhändler(in)	
retailer	Einzelhändler(in)	
shopkeeper	Geschäftsinhaber, Ladeninhaber	
company	Gesellschaft	
sector	Branche, Sektor	
market	Markt	
board of directors[5]	Vorstand	[5] supervisory board – *Aufsichtsrat*
executive[6]	leitende(r) Angestellte(r)	[6] chief executive office (CEO) – *Geschäftsführer(in)*
manager	leitende(r) Angestellte(r), Manager(in)	
management	Firmenleitung	
chair[7]	Vorstandsvorsitzende(r)	[7] *auch* chairperson, chairman/-woman
head office	Hauptsitz	
branch	Zweigstelle	
accountant[8]	Buchhalter, Buchhälterin	[8] *auch* bookkeeper

➜ 27 Einzelhandelsgeschäfte
➜ 28 Dienstleister

83 Profit and loss — Gewinn und Verlust

budget ['bʌdʒɪt]	**Budget, Etat**	
capital	**Kapital**	
debt	**Schulden**	
interest [1]	**Zins**	[1] interest rate – *Zinssatz*
(to) save	**sparen**	
turnover	**Umsatz**	
value	**Wert**	
tax	**Steuer**	
value-added tax (VAT)	**Mehrwertsteuer**	
(to) make a profit [2]	**einen Gewinn machen**	[2] make, made, made
profitable	**rentabel, einträglich**	
(to) make a loss	**einen Verlust machen**	
profitability	**Rentabilität**	
productivity	**Produktivität**	
(to) subsidize	**subventionieren**	
subsidy, subsidies	**Subvention**	
inflation [3]	**Inflation**	[3] ≠ deflation, deflationary – *deflationär*
inflationary	**inflationär**	
(to) calculate a price	**einen Preis errechnen, kalkulieren**	
price calculation	**Preiskalkulation**	
(to) raise prices	**Preise anheben**	
(to) reduce prices	**Preise senken**	
discount [4]	**Rabatt**	[4] *auch* rebate
retail price [5]	**Verkaufspreis**	[5] wholesale price – *Einkaufspreis*
contract	**Vertrag**	
deal	**Abmachung**	
(to) compete	**konkurrieren**	
competition [6]	**Konkurrenz**	[6] Adj. competitive – *konkurrenzfähig*
competitor	**Konkurrent(in)**	
(to) buy [7]	**kaufen**	[7] buy, bought, bought
buyer	**Käufer(in)**	
(to) sell [8]	**verkaufen**	[8] sell, sold, sold
seller	**Verkäufer(in)**	
sale	**Verkauf, Ausverkauf**	

Production | Produktion | 84

(to) offer	**anbieten**
offer	**Angebot**
(to) order	**bestellen**
order	**Bestellung**
(to) place an order	*eine Bestellung aufgeben*
They've placed an order for three cars.	*Sie haben eine Bestellung über drei Autos aufgegeben.*
(to) guarantee	**garantieren**
guarantee [1]	**Garantie**
(to) consume	**verbrauchen**
consumer	**Verbraucher(in)**
(to) produce	**produzieren**
producer	**Produzent(in)**
production	**Produktion**
(to) supply [2]	**beliefern**
They've been supplying us for years.	*Sie beliefern uns schon seit Jahren.*
supply, supplies	**Lieferung, Vorrat**
(to) stock [3]	**auf Lager haben**
stock	**Vorrat**
We stock only the latest models.	*Wir haben nur die neuesten Modelle auf Lager.*
(to) import [4]	**einführen, importieren**
(to) export [5]	**ausführen, exportieren**
(to) dispatch [6]	**schicken**
consignment [7]	**Sendung**
(to) deliver	**liefern**
delivery, deliveries	**Lieferung**
(to) invoice sb for sth	**jmdm. etwas in Rechnung stellen**
They've even invoiced us for my coffee!	*Sie haben uns sogar meinen Kaffee in Rechnung gestellt!*
invoice	**Rechnung**
(to) overcharge	**zu viel berechnen**
showroom	**Ausstellungsraum**
warehouse	**Lager**

[1] *auch* warranty

[2] supplier – *Lieferant(in)*

[3] in/out of stock – *vorrätig/nicht vorrätig sein*

[4] Nn. imports – *Importgüter*

[5] Nn. exports – *Exportgüter*

[6] auch (to) ship, (to) forward

[7] *auch* shipment

occupation	**Job, Beschäftigung**	
job vacancy	**freie Stelle**	
(to) apply for a job[1]	**sich um eine Stelle bewerben**	[1] *Schreibweise:* applied
Tom has applied for a job at Carr & Co.	*Tom hat sich bei Carr & Co um einen Job beworben.*	
career	**berufliche Laufbahn, Karriere**	
profession[2]	**Beruf**	[2] vocation – *Berufung*
professional	**beruflich, professionell**	
craftsman/-woman, craftsmen/-women	**Handwerker(in)**	
craftsmanship	**handwerkliches Können**	
employer	**Arbeitgeber(in)**	
employee	**Arbeitnehmer(in)**	
(to) hire[3]	**einstellen**	[3] (to) take on workers
This firm is hiring workers at the moment.	*Momentan stellt diese Firma Arbeiter ein.*	
(to) fire[4]	**entlassen**	[4] (to) lay off workers – *Arbeiter entlassen*
staff/personnel[5]	**Belegschaft**	[5] *auch* human resources
factory ❐	**Fabrik, Herstellungsbetrieb**	❐ *besonders* AmE *auch:* plant
assembly line	**Fließband**	
office	**Büro**	
office job	**Bürotätigkeit**	
office worker	**Büroangestellte(r)**	
department[6]	**Abteilung**	[6] section – *Sektion*
(to) supervise	**Aufsicht führen**	
supervisor	**Aufseher(in)**	
worker	**Arbeiter(in)**	
skilled worker[7]	*Facharbeiter(in)*	[7] semi-skilled – *angelernt*
unskilled worker	*Hilfsarbeiter(in)*	
colleague ❐ ['kɒliːg]	**Kollege, Kollegin**	❐ *besonders* AmE *auch:* co-worker
homeworker	**Heimarbeiter(in)**	
(to) work at/from home	**zu Hause/von zu Hause aus arbeiten**	
self-employed	**selbstständig**	
freelance	**freie(r) Mitarbeiter(in)**	
full-time job	**Vollzeitstelle**	
part-time	**Teilzeit...**	
permanent job	**feste Stelle**	
temporary job/worker	**Aushilfstätigkeit/-kraft**	

Working conditions Arbeitsbedingungen 86

working conditions	Arbeitsbedingungen	
working hours	Arbeitsstunden	
(to) do overtime	Überstunden machen	
flexitime ❒	Gleitzeit	❒AmE: flextime
(to) work in shifts	Schichtarbeit machen	
day/night shift	Tages-/Nachtschicht	
recession	Rezession, Wirtschaftsflaute	
boom	rapider Aufschwung	
short-time working	Kurzarbeit	
salary	Gehalt (Angestellter)	
wage	Lohn (Arbeiter)	
(pay) rise [1]	Lohn-/Gehaltserhöhung	[1] *auch* raise
standard of living	Lebensstandard	
quality of life	Lebensqualität	
(to) retire	in den Ruhestand gehen	
retiree	Rentner(in)	
pension	Rente, Pension	
pensioner	Pensionär(in)	
(to) automate	automatisieren	
automation	Automatisierung	
(to) downsize [2]	abspecken	[2] Nn. downsizing
(to) outsource [3]	extern vergeben, outsourcen	[3] Nn. outsourcing
low-wage economy	Billiglohnwirtschaft	
high-wage economy	Hochlohnwirtschaft	
trade union	Gewerkschaft	
(to) go on strike	in den Streik treten	
(to) be on strike	streiken, im Ausstand sein	
(to) go-slow	im Bummelstreik sein	
go-slow	Bummelstreik	
(to) work to rule	Dienst nach Vorschrift machen	
work-to-rule	Dienst nach Vorschrift	

87 Tools and equipment — Werkzeuge und Ausrüstung

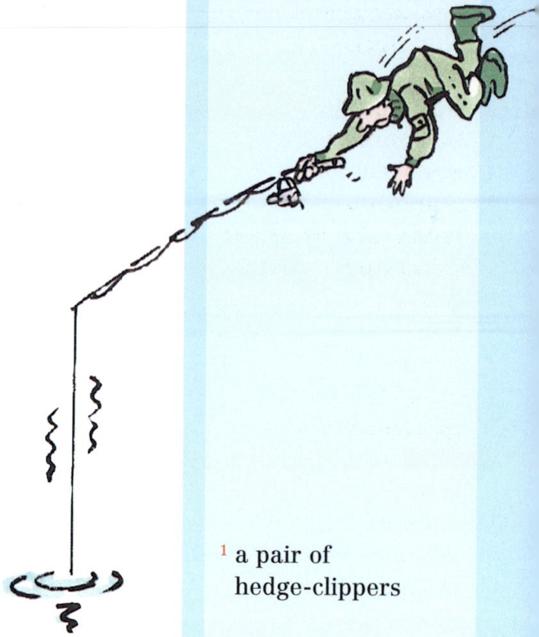

tool	**Werkzeug**
bucket	**Eimer**
broom	**Besen**
brush	**Bürste**
chisel	**Stemmeisen**
drill	**Bohrmaschine**
drill bit	**Bohrer**
duster	**Staubtuch**
dustpan	**Kehrschaufel**
file	**Feile**
flat file	*flache Feile*
round file	*runde Feile*
fishing rod	**Angelrute**
fish-hook	**Angelhaken**
glue	**Klebstoff**
hammer	**Hammer**
rubber hammer	*Gummihammer*
hedge-clippers[1]	**Heckenschere**
lawnmower	**Rasenmäher**
microscope	**Mikroskop**
plane	**Hobel**
pliers[2]	**Zange**
rake	**Harke**
rule	**Zollstock**
saw	**Säge**
hacksaw	*Metallsäge*
scissors[3]	**Schere**
screwdriver	**Schraubendreher, -zieher**
spade	**Spaten**
shovel	**Schaufel**
spanner	**Schraubenschlüssel**
spirit level	**Wasserwaage**
trowel	**Kelle**
vacuum ['vækjuəm] **cleaner**	**Staubsauger**
vice	**Schraubstock**
insulating tape	**Isolierband**
equipment	**Ausrüstung**

[1] a pair of hedge-clippers

[2] a pair of pliers

[3] a pair of scissors

1. profession	**Beruf**	
2. occupation		
engineer	**Ingenieur(in)**	
civil engineer	*Bauingenieur(in)*	
technician [tek'nɪʃn]	**Techniker(in)**	
mechanic	**Mechaniker(in)**	
laboratory assistant [1]	**Laborant(in)**	[1] *üblich:* lab assistant
bus/taxi/truck driver	**Bus-/Taxi-/Lastwagenfahrer(in)**	
politician	**Politiker(in)**	
doctor	**Arzt, Ärztin**	
dentist	**Zahnarzt/-ärztin**	
nurse [2]	**Krankenschwester**	[2] male nurse – *Pfleger*
carer	**Pfleger(in)**	
apprentice	**Lehrling**	
trainee [3]	**Auszubildende(r)**	[3] apprenticeship – *Lehre*
jeweller ❐	**Juwelier(in)**	❐ AmE: jeweler
optician	**Optiker(in)**	
cook	**Koch, Köchin**	
waiter, waitress	**Kellner, Kellnerin**	
bartender	**Barkeeper(in)**	
gardener	**Gärtner(in)**	
fisherman	**Fischer**	
soldier	**Soldat(in)**	
secretary	**Sekretärin**	
executive secretary	**Chefsekretärin**	
receptionist	**Empfangschef/-dame**	
plumber	**Klempner**	
carpenter	**Zimmermann**	
cabinet maker	**Tischler(in)**	
bricklayer	**Maurer**	
tiler	**Fliesenleger**	
civil servant	**Beamter, Beamtin**	
public employee	**Angestellte(r) im öffentlichen Dienst**	
cleaner	**Reinigungskraft**	
designer	**Designer**	
electrician	**Elektriker(in)**	
housewife [4]	**Hausfrau**	[4] househusband – *Hausmann*

➜ 27 Einzelhandelsgeschäfte
➜ 28 Dienstleister

1 *Fill in the gaps with the English equivalents of the German words in brackets. Be careful about plural forms.*

1 Carr & Co have several ______________ *(freie Stelle)*. I think I'll ____________ *(bewerben)* for a job there. I've heard that they are very good ____________ *(Arbeitgeber)*.

2 Many ________ *(Firma)* are only willing to hire ____________________ *(Aushilfskraft)* because permanent staff cost too much and are expensive to ____________ *(entlassen)*. This can be difficult during ____________________ *(Wirtschaftsflaute)*.

3 The steel firm in Corby has ____________________________ *(Wechselschicht)*. People who ______________________ *(Schichtarbeit machen)* have to do the ____________________ *(Tagesschicht)* one week and the night shift the next.

4 Our union is going on ______________________ *(Streik)*. They want to stop the employers from __________________________ *(abspecken)* and outsourcing to __________________________________ *(Billiglohnländer)*.

2 *Which tool do you need to do these jobs?*

1 … knock in a nail a ____________________

2 … take out a screw a ____________________

3 … make a hole a ____________________

4 … cut the grass a ____________________

5 … catch a fish a ____________________

6 … hold a piece of metal tightly a ____________________

7 … carry some water a ____________________

8 … clean a carpet a ____________________

9 … find out if a shelf is horizontal a ____________________

10 … sweep the floor a ____________________

Zur Kontrolle:

1 1 vacancies, apply, employers 2 firms, temporary workers, lay off/fire, recessions 3 alternating shifts, work in shifts, day shift 4 strike, downsizing, low-wage economies

2 1 hammer 2 screwdriver 3 drill 4 lawnmower 5 fishing rod 6 vice 7 bucket 8 vacuum cleaner 9 spirit level 10 broom

day	**Tag**
noon[1]	**Mittag**
morning	**Vormittag**
a.m. (ante meridian)[2]	**vormittags**
afternoon	**Nachmittag**
p.m. (post meridian)[3]	**nachmittags**
evening[4]	**Abend**
night[5]	**Nacht**
midnight	**Mitternacht**
day of the week	**Wochentag**
Monday[6]	**Montag**
Tuesday	**Dienstag**
Wednesday[7]	**Mittwoch**
Thursday[8]	**Donnerstag**
Friday	**Freitag**
Saturday	**Samstag**
Sunday	**Sonntag**

clock	**Uhr**
hour	**Stunde**
minute	**Minute**
second	**Sekunde**
twelve o'clock[9]	**zwölf Uhr**
a quarter past …	**(ein) Viertel nach …**
It's a quarter past two.	*Es ist Viertel nach zwei.*
half past two	**halb drei**
a quarter to three	**(ein) Viertel vor drei**

year	**Jahr**
season	**Jahreszeit**
spring	**Frühling**
summer	**Sommer**
autumn	**Herbst**
winter	**Winter**
month[10]	**Monat**
public holiday	**Feiertag**
festival	**Fest**
New Year's Day	**Neujahr**
New Year's Eve	**Silvester**
St. Valentine's Day	**Valentinstag**
Good Friday	**Karfreitag**
Easter Day	**Ostersonntag**
Whitsun	**Pfingsten**
May Day	**Maifeiertag**
Christmas Eve	**Heiligabend**
Christmas Day	**1. Weihnachtstag**
Boxing Day	**2. Weihnachtstag**

1 *auch* midday; at noon – *mittags*

2 in the morning

3 in the afternoon

4 in the evening

5 at night – *nachts*

6 *mit großem Anfangsbuchstaben*

7 *Schreibweise!*

8 *Schreibweise!*

9 o'clock *nur bei vollen Stunden*

10 *Monate auf Englisch mit großem Anfangsbuchstaben*
January
February
March
April
May
July
August
September
October
November
December

Die Nummer hinter dem Wort verweist auf die Nummer des Themas.
Vb. = Verb
IT = Informationstechnologie (Computertechnik)

A

B

D

E